INVENTAIRE.
X 24,759

(par L.-B. Guyton de Morveau.)

# ÉLOGE
## DE CHARLES V,
*SURNOMMÉ LE SAGE,*
## ROI DE FRANCE.

*Dignum præstabo me etiam pro laude merentis.*
Horat.

A AMSTERDAM.

*Et se trouve à Paris,*

Chez { VALLEYRE le jeune, rue Vieille-Bouclerie, à la Minerve.
DE HANSY, rue St Jacques, à Ste Thérese.

M. DCC. LXVII.

# ÉLOGE
## DE CHARLES V,
### *SURNOMMÉ LE SAGE,*
## ROI DE FRANCE.

Les louanges que l'admiration prodigue au génie, excitent l'enthoufiafme qui le fait éclorre, & intéreffent l'orgueil fecret de la plûpart des hommes, qui croient fe rapprocher de la fupériorité en l'appréciant. Les larmes qui honorent le tombeau d'un citoyen utile, font le fruit de la reconnoiffance qui s'acquitte, de l'amour-propre qui regrette, d'un mouvement d'équité qui fe fait entendre dans le filence de l'envie. L'éloge d'un homme grand aux yeux de la poftérité, eft tout à la fois le triomphe & l'école de la vertu. L'hiftoire d'un conquérant étonne & confterne. La vie d'un bon Roi eft la confolation de l'humanité ; elle eft le modele & la loi des maîtres du Monde ; elle eft l'efpoir de tous ceux qui font nés fujets ; elle annonce le regne de la paix & de la juftice ; elle offre le fpectacle le plus agréable

A

aux mortels, celui d'une vraie félicité ; c'est le tableau de l'âge d'or, dépouillé du merveilleux des fictions...... Oh ! citoyens, je vous vois déja soûrire à ces idées, & vous interrogez nos fastes, pour savoir quel est celui de nos Monarques qui peut les faire naître dans cet éloignement des tems où nous les jugeons avant que de les en retirer. Le titre de *Sage* vous l'annonce : CHARLES V ne le reçut, ni au milieu des acclamations tumultueuses qui suivent le char d'un vainqueur, ni dans l'allegresse d'un succès que la fortune eût secretement préparé : ce surnom glorieux fut l'expression générale & constante des sentimens de son peuple. L'Histoire occupée à retracer une suite d'actions qui portent le même caractere de sagesse, n'a point marqué d'époque particuliere à cette vertu ; elle en a fait l'emblême de la vie entiere de ce Prince ; vie bien différente de celle de la plûpart des Rois, qui ne commence en quelque sorte qu'au jour de leur couronnement. CHARLES, Dauphin, gouverna la France avant que de régner sur elle, & sa sagesse prévint la chûte de cette Monarchie : il monta sur le trône qu'il avoit affermi, & cette sagesse le rendit également cher à ses sujets & redoutable à ses ennemis : sagesse éprouvée par toutes les disgraces, par tous les dangers ; sagesse non démentie dans les écueils de la puissance, dans les douceurs du repos, dans les délices de la prospérité. Quel tableau ! Qui est-ce qui aura l'avantage de présenter aujourd'hui à la Nation l'Éloge de ce Monarque, que le Lycée a jugé digne d'un éloge après quatre siecles ? Qui pourra suivre la grande ame de

CHARLES dans le choc des évenemens, retrouver ses pensées dans les monumens de ses actions, montrer la pureté de ses intentions, la sublimité de ses vues, l'accord de ses principes, la constance de ses vertus, & partout le triomphe de sa prudence ? Qui saura parler dignement d'un Sage & d'un Roi ?...... J'entrerai aussi dans la lice ouverte aux Orateurs, & j'essaierai de porter dans l'ame de mes concitoyens, la chaleur de sentimens que me fait éprouver la grandeur du sujet.

## PREMIERE PARTIE.

CHARLES, fils aîné de Jean II, héritier présomptif de la Couronne, venoit de réunir à ces titres la qualité desormais inséparable de Dauphin de Viennois, lorsque l'évenement funeste de la bataille de Poitiers le força de prendre les rênes du gouvernement. Ne nous bornons pas à rappeller tous les malheurs de la France en cette fatale journée; cherchons-en plus loin les sources, rapprochons les mœurs de ce siecle, plaçons-nous, s'il se peut, dans cet instant de calamités, pour connoître la magnanimité du jeune Prince, qui en vit la profondeur & n'en fut pas abattu : nous parcourrons ensuite tout le premier âge de sa vie : car, que l'on ne s'attende pas à ne trouver ici que quelques traits saillans réunis par l'art d'un Panégyriste. Le génie a ses phases de lumiere ; le héros a ses jours de bataille ; l'homme d'État a ses plans, ses principes, ses occasions, & c'est à ces objets que s'arrêtent nos louanges : l'éloge d'un Sage dans l'adversité embrasse tous les instans ; il n'auroit point soutenu ce caractere, s'il n'eût forcé l'admiration à le reconnoître jusques dans l'inaction & le silence.

La puissance d'Edouard, roi d'Angleterre, croissoit chaque jour avec sa gloire ; ses succès nourrissoient une haine, qui avoit son principe dans un souvenir humiliant ; son orgueil blessé lui représentoit sans cesse Philippe de Valois lui imposant avec hauteur le joug de la suzeraineté, & son cœur appelloit la vengeance contre tous les Monarques françois : l'aîné des Princes de son sang sembloit ne pouvoir se rendre digne de lui succéder, qu'en faisant servir ses vertus à ce ressentiment : toutes nos provinces ravagées, trente mille François immolés à cette querelle dans les plaines de Crecy & le sort déplorable des fideles Calaisiens, n'avoient pu assouvir cette fureur, que la politique du roi d'Albion avoit eu l'art de rendre nationale. En vain le Chef de la Religion étendoit ses mains pacifiques entre les deux Monarques ; son zele n'avoit produit jusques-là que des négociations infructueuses, des projets sans suite, des treves sans sûreté : on eût dit que la suspension d'armes n'étoit réellement que la suspension du droit des gens & de la discipline militaire ; les troupes n'abandonnoient leurs étendarts que pour suivre des brigands ; leur dispersion ne servoit qu'à étendre plus loin le meurtre & le pillage : les surprises devenoient des conquêtes légitimes, & les plus fortes Places étoient dans le Commerce, par la trahison des Gouverneurs : un mélange étonnant de générosité & de bassesse, d'honneur & de lâcheté, de franchise &

de perfidie, les vertus de la Chevalerie confondues avec les vices des Barbares. Voilà quelles furent les mœurs de ce tems.

Le Royaume démembré par les grands appanages, n'étoit point alors cette Monarchie puissante, dont les forces & les ressources ne nous permettent aujourd'hui, ni de croire à l'histoire de ses revers, ni d'en craindre le retour: le pouvoir de ses Souverains enchaîné par les prérogatives immenses de la Noblesse, avoit reçu sous ce regne de nouvelles breches de la liberté naissante du Tiers état, & de son influence ambitieuse dans les délibérations: les querelles des vassaux occasionnoient des guerres intérieures, que tout l'effort de la Loi se bornoit à suspendre lorsqu'il falloit combattre un ennemi commun: les moindres subsides ne se levoient que sur un contrat du Prince & du peuple, que sous des conditions quelquefois irritantes: le domaine de la Couronne avoit passé dans les mains de tous ceux que la faveur avoit mis à portée de l'envahir: l'affoiblissement continuel des monnoies étoit le seul impôt que le Prince établît de son propre mouvement, & il avoit déja tari la source des richesses, lorsqu'il en faisoit couler une partie dans les coffres du trésor royal.

Tel fut l'état de la France, lorsque de sa prison Charles le Mauvais appella Edouard pour la désoler, en ranimant l'espérance qu'il conservoit toujours de la conquérir. Ah! ne souillons point par le récit de toutes les atrocités du roi de Navarre, un discours qui doit servir de monument à la vertu; ce sera assez d'en parler comme le voyageur reconnoissant parle de la tempête, en louant le pilote qui l'a garanti du naufrage : je n'aurai que trop de perfidies à retracer, en me bornant à celles qui firent juger de la sagesse de CHARLES, comme la fureur des tigres & des lions fait admirer la force de ceux qui les enchaînent. Et déja je contemple avec effroi le combat inégal de la vertu naissante de mon Héros avec la méchanceté consommée du Navarrois ; déja je vois ce Prince, l'héritier du nom d'Evreux, le descendant de Louis Hutin, le gendre du Monarque françois, tenter de donner à l'Europe le pernicieux exemple des révolutions de l'Asie, assaillir la jeunesse du Dauphin par toutes les manœuvres de l'intrigue, par tous les piéges de la séduction, & mettre dans sa foible main le poignard de la conspiration. Mais il n'abusera pas même longtems de l'inexpérience de son esprit ; un secret frémissement révele au Dauphin la noirceur du complot, que la politique affreuse du roi de Navarre ne veut lui dévoiler qu'après l'avoir mis dans la nécessité de justifier une faute par des attentats : il court éveiller auprès du trône la prudence endormie, sur la foi d'une réconciliation parjure ; il épanche dans le sein paternel les regrets amers de l'erreur d'un moment ; il veut que le sceau de la puissance efface un soupçon qu'exagere les allarmes de sa piété, & desormais il ne conserve de liaisons avec cet ennemi de l'Etat, que pour découvrir ses criminels desseins & le livrer plus sûrement aux fers que Jean II lui prépare. Que de larmes, que d'horreurs ce Monarque eût épargné à son peuple, à son fils, à lui-même, si au lieu de suivre les mouvemens aveugles de sa colere, au lieu de se livrer à ces vengeances arbitraires, toujours odieuses lors même qu'elles sont méritées, il eût laissé la Justice forger aux coupables ces chaînes que la trempe de l'infamie rend éternelles, s'il n'eût jamais frappé que du glaive du Magistrat! Mais dès les premiers jours de son regne le supplice du Comte d'Eu avoit soulevé tous les esprits, justement prévenus de son innocence, dès que la Loi ne l'avoit pas convaincu; & Charles le Mauvais, les mains teintes du sang du premier Officier de la Couronne, à peine relevé de la posture où il avoit reçu le pardon de cet assassinat, ourdissant en secret de nouvelles trames pour ébranler le trône, trouvoit encore des partisans: il leur dénonçoit avec audace le coup d'autorité qui lui avoit ravi une liberté qu'il ne devoit qu'à la clémence; il faisoit entendre les cris de l'oppression, & de la Tour du Louvre où Jean le tenoit enfermé, il accusoit hautement devant les Nations son pere & son Souverain, tandis que la nature, la religion & les loix gémissoient de l'impunité de ses forfaits.

Cependant l'Anglois s'avançoit à la voix de ce rebelle, pour exécuter le traité qui régloit le partage de nos débris: le Prince de Galles, maître de nos frontieres, marchoit à grands pas vers le centre: l'Univers effrayé avoit vu tomber à Romorantin les premiers murs qu'eût menacés cet art terrible qui a mis la foudre dans les mains des mortels. Jean accourt pour arrêter le fils d'Edouard: transporté du desir de le vaincre, il jure de le combattre; il affemble fes forces, il le cherche, il le preffe, il l'entoure......heureux fi fa valeur imprudente n'eût pas facrifié à l'éclat d'une action rapide, & l'avantage de donner les conditions de la paix, & la certitude de réduire un ennemi qui ne pouvoit échapper! Ce Prince infortuné vit la fuperiorité du nombre céder aux reffources du defefpoir, & l'impétueufe bravoure fe brifer contre les froides difpofitions d'une réfiftance combinée; il vit tomber à fes côtés l'élite des Chevaliers françois, & la victoire ne refpecta fes jours que pour l'attacher au char du vainqueur. Quel fpectacle pour le Dauphin, dans ce moment où cette défaite lui abandonne l'exercice de la puiffance fouveraine! Une Nation épouvantée de fes défaftres, les champs de Maupertuis arrofés du fang de toute la Nobleffe, un pere, un Monarque dans les fers de la captivité, & tout le faix de l'adminiftration retombant fur lui-même dans un âge où il n'eût pu recevoir l'onction des rois!.... Etoit-ce affez de maux raffemblés fur la France? non, il falloit encore qu'elle flétrît, par une défiance injufte, les vertus de celui qui devoit les réparer; il falloit qu'elle arrêtât l'activité de fa fageffe dans les obftacles de fa prévention. Elle avoit vu CHARLES abandonner fes drapeaux à Poitiers; dans la douleur de fa déroute elle ofa foupçonner le courage de ce Prince, lorfqu'elle auroit dû n'accufer que la terreur prématurée des courtifans à qui Jean avoit confié fa jeuneffe; & de-là ces entreprifes criminelles, qui fonderent fur l'opinion de fa foibleffe l'efpérance d'une téméraire ufurpation; de-là ces séditions multipliées, qu'il fut contraint de defarmer par la modération, avant que de pouvoir les réprimer par la puiſſance ; de-là ces factions qui diviferent le peu de forces qui reſtoient à l'Etat, dans un tems où leur réunion eût à peine produit la confiance de le voir un jour ſe relever de ſa chûte. Au milieu de tous ces defordres, CHARLES eſt le ſeul que cette confiance n'abandonne pas un inſtant ; il revient à Paris calmer l'effroi par ſa préſence ; il y reçoit, ſans ſe laiſſer pénétrer, des honneurs qui n'annoncent que la dignité de ſon rang & la conſternation de ſes habitans : il hâte la convocation des Etats généraux, il les ouvre dans le tribunal de la juſtice ſouveraine, il ſe fait reconnoître Lieutenant général du Royaume, &, tout occupé des meſures qu'il médite pour le ſalut de la Monarchie & la délivrance du Monarque, il leur demande *aide & conſeil*. C'eſt ici qu'il va montrer toute la force de ſon courage, toutes les reſſources de ſa prudence : deux Sujets ambitieux ſe ſont rendus maîtres des ſuffrages ; Lecoq, élevé à l'épiſcopat par la faveur, & Marcel, Prevôt des Marchands, ont ſéduit ou corrompu tous les Députés, le conſeil du Dauphin eſt exclu de leurs délibérations ; ils oſent propoſer à ce Prince de jurer le ſecret des réſolutions qu'ils ont priſes, avant que de les lui communiquer : la réponſe à ſes demandes eſt un vœu inſolent pour la liberté du perfide roi de Navarre, un tableau de proſcription des plus fideles ſujets, & le ſubſide eſt à ce prix.

Eſt ce du Peuple François dont je viens de parler ? Eſt-ce donc là cette Nation diſtinguée entre les autres par son amour pour ses Souverains ? Non, ce n'est qu'une multitude effrénée ou vendue qui abuse un moment du pouvoir de la représenter, & qu'elle ne tardera pas à désavouer : ne cherchons ses sentimens, ni dans les fureurs des Grands que l'ambition égare, ni dans les murmures des foibles, qu'une oppression subalterne dégage de tous les liens patriotiques qui les produisent. Voulons-nous la reconnoître telle qu'elle se montra peu de tems après, refusant de passer sous une autre domination, pour acquitter la foi donnée au Traité de Bretigny, telle que la vit Louis le Grand, le forçant de recevoir un serment de fidélité qu'il avoit cédé pour la paix de l'Europe, telle que nous l'avons vu nous-mêmes dans une circonstance malheureuse que je ne rappellerai que par le mouvement général qu'elle fit éclater ? Eloignons nos regards de la Capitale en proie aux intrigues de Marcel & du Navarrois, portons-les sur l'autre partie de la France (1), & nous trouverons un spectacle plus digne d'elle : les trois Ordres offrant de concert, & troupes & subsides, abjurant en signe de tristesse, les parures du luxe, les superfluités de l'opulence, & défendant au son des instrumens, d'interrompre pendant un an les soupirs de sa douleur, si le retour de son Roi ne les changeoit auparavant en cris d'allegresse.

Vivement touché de ces témoigages d'attachement, Charles promenoit son ame dans l'avenir

───────

(1) La France étoit alors divisée en deux partis, la *Langue d'Oïl* & la *Langue d'Oc* : c'est de cette derniere qu'il est ici question.

qu'il defiroit, & goûtoit d'avance le plaifir de fortifier ce fentiment; mais c'étoit affez pour lors d'en connoître le prix & d'en ménager les reffources, il falloit empêcher que l'autorité des Factieux ne réduisît bientôt la fidélité au filence: la crainte qu'ils commençoient à infpirer, gagnoit vers le Trône; le zele des Confeillers du Dauphin ne s'exprimoit plus que par des allarmes; ils opinoient enfin à confirmer les réfolutions odieufes des Etats de Paris: mais le Prince impatient de leur foibleffe, ôte de devant leurs yeux le bandeau de l'effroi, & leur découvre les moyens de diffiper les rebelles, où ils n'appercevoient que la néceffité de leur céder. La prudence du deffein eft bientôt fuivie de l'adreffe & de la fermeté dans l'exécution; il prépare les efprits par des délais qui femblent promettre ce qu'ils different; il mande tout-à-coup les principaux Députés, & dans le moment où ils fe livrent fans précaution à l'efperance d'envahir l'adminiftration, ils entendent de fa bouche l'ordre abfolu de fe féparer. Il n'eft pas tems encore de céder aux mouvemens de furprife & d'admiration: nous verrons la fageffe de CHARLES à l'épreuve de bien d'autres revers. Si ma voix ne fe laffe pas à les raconter, nous le verrons tantôt ufer de diffimulation pour ne pas irriter l'audace, tantôt arrêter l'infolence par la fécurité, effayer tour-à-tour les promeffes & les menaces, la modération & la vigueur: nous le verrons recueillir fans relâche tout ce qui refte de bonnes intentions, fe livrer & échapper à propos à fes ennemis, fe laiffer tromper en apparence pour triompher plus fûrement, accéder fans feinte à des réconciliations sans bonne foi, prêter son nom à l'injustice pour en modérer les effets, recevoir la loi des rebelles pour paroître encore la donner, sacrifier ses droits au salut de la Monarchie, s'oublier pour elle au milieu des outrages, regarder sans pâlir le sang de ses commensaux inonder le trône & rejaillir sur sa personne : nous le verrons en butte à toutes les horreurs, apprécier toutes les vertus de toutes les conditions, de toutes les circonstances ; plier successivement son caractere aux situations différentes, & ne se ressembler en quelque sorte, pendant un espace de plus de trois années, que par l'immobilité de son ame, par la constance la plus héroïque à soutenir le poids de l'infortune, une sagacité infaillible dans le choix des remedes, une activité infatigable à en porter l'efficacité partout où le péril en marque le besoin. Comment se former l'idée d'une sagesse superieure à tant d'évenemens ? L'abîme des mers, ce théatre de la terreur, qui a fourni tant d'images de désolations, de desespoir & d'héroïsme, ne m'offre ici rien que je puisse comparer : Supposons, s'il est possible, que la Nature rassemble à la fois tous ces accidens ; supposons un malheureux abandonné sur un esquif que poursuit l'avidité d'un pirate, tandis que le feu, l'eau & les vents se disputent avec fureur la destruction de son foible navire : que l'on se le représente successivement occupé à arrêter le progrès de la flamme qui le consume, à fermer les passages à l'eau qui menace de l'engloutir, à lutter contre les vents qui le lancent contre les écueils, & à fuir un ennemi qui l'atteint : que l'on se le peigne se livrant de sang-froid au moindre danger pour résister au plus grand, se portant incessamment de l'un à l'autre, proportionnant les secours à la durée, à la nécessité, à ses forces, & gagnant enfin le rivage après avoir vaincu tous les élémens : voilà le tableau que nous allons développer.

A la voix de CHARLES les députés des provinces étoient rentrés dans le devoir de l'obéissance ; mais Lecoq & Marcel n'avoient pas quitté Paris ; il restoit entr'eux ces liens que produit l'intérêt des discordes civiles ; tous les deux consternés de la dissolution subite des États, en attendoient impatiemment le retour ; tous les deux frémissoient en voyant la conduite de CHARLES, & les ressources qu'il préparoit pour en éloigner la convocation : ces mêmes villes dont ils avoient séduit les représentans, avoient souscrit dans leurs assemblées particulieres aux demandes du Dauphin : les deux chefs de la faction avoient eu besoin de tous leurs efforts pour empêcher que cet exemple ne fût suivi de la capitale ; une refonte des monnoies alloit forcer cette obstination : ce fut à ce coup que leur fureur se réveilla : Marcel saisit le moment de l'absence de CHARLES, marche au Louvre suivi de quelques mécontens, & contraint le Duc d'Anjou à suspendre l'exécution de cette Ordonnance. CHARLES revient sur le champ pour étouffer en sa naissance cette étincelle de sédition, après avoir inutilement tenté de ramener ce Magistrat dans des conférences, qui ne servirent qu'à faire triompher son audace : il va au-devant des coupables, il accorde un pardon général avant qu'il lui soit demandé, pour ouvrir aux uns la route de l'obéissance, pour apprendre aux autres qu'il peut punir ; il révoque l'édit des monnoies, pour ôter à tous le prétexte de leurs murmures. Mais ce n'étoit point le but de Marcel & de ses complices ; leur témérité est arrivée au point de n'avoir plus besoin de motif apparent : ils soulevent cette populace, aveugle instrument de tous ceux qui peuvent une fois remuer sa nonchalance ou acheter sa misere ; ils forcent les bourgeois à servir leur animosité, & Paris offre le spectacle de toute une ville armée contre ses Souverains.

Quelle digue pourra contenir ce torrent ! Quel parti prendre en cette violente extrêmité ! Ne le demandons point à ces ames timides, qui attendent tout du sort, & ne se résignent à la Providence que pour se livrer à l'inaction de la foiblesse ; ne le demandons point à ces hommes féroces qui prennent les mouvemens impétueux de la colere pour la magnanimité du courage, qui se heurtent & se brisent contre l'adversité ; ne le demandons point à ces esclaves d'un vain nom, qui ne cherchent que le faste dans la grandeur, & qui toujours prêts à s'immoler à leur orgueil, précipitent eux-mêmes la ruine de la Patrie pour trouver un monument sous ses débris, lorsqu'ils désesperent de sauver leur gloire avec elle ; demandons-le au Sage, dont l'ame inaccessible à ces passions, combine tranquillement au sein de la tempête les ressources & les devoirs du moment, qui cede à la nécessité par le conseil de la prudence, & qui sait, quand il le faut, s'élever au-dessus du courage par la patience. Quelle vertu pour des Rois, que la patience ! quel effort sublime pour ces dieux de la terre nés dans la pourpre, allaités du nectar de l'encens, accoutumés à voir les mortels s'incliner devant leur diadême, adorer leur volontés & trembler à leur voix ! Telle fut la conduite de CHARLES ; le caractere du vrai Sage est son fidel portrait, son peuple & son siecle l'ont dit avec moi, & je ne répete ici que ce que le burin de l'Histoire a gravé sur les tables de la postérité. CHARLES rappelle ces Etats dont il prévoit les suites funestes ; il leur laisse la faculté de se proroger ; il leur abandonne le droit suprême de confier à leur gré le glaive & la balance ; il jure la conservation des especes ; il signe, en frémissant, la disgrace de ses plus fideles Officiers ; il livre l'administration des Subsides à l'avidité de trente-six Députés ; il ne fait parler l'autorité que pour consacrer leurs entreprises ; il ne lui reste de puissance que pour obliger sa bonne foi ; il permet tout ce qu'on attente ; il promet tout ce qu'on exige, & ce chêne majestueux & superbe, après avoir bravé tant d'orages, menacé de rompre sous l'effort extraordinaire des vents, se courbe comme un roseau fragile, pour ne pas écraser dans sa chûte tout ce qui étoit à l'ombre de ses rameaux.

L'horison se pare d'un rayon de lumiere qui annonce quelques instans de sérénité : un petit nombre de soldats, rassemblés à la hâte, ont déja signalé les Etendarts de CHARLES ; la Normandie est délivrée, les troupes du Navarrois sont défaites, leur Chef (1) a péri en défendant en héros une vie qu'il craignoit de perdre en criminel, & le roi d'Angleterre, jaloux de s'assurer la possession de son illustre prisonnier, a consenti enfin une treve de deux années. CHARLES s'empresse à profiter de ce moment de calme; il essaie de rétablir l'ordre avec l'autorité légitime, ses moyens sont dignes de sa prudence; il emprunte le nom du Monarque pour les appuyer; c'est en levant le subside qu'il entreprend de faire cesser, sans violence, une administration usurpée à la fureur du besoin. Qui n'eût pensé avec ce Prince, que la voix reconnoissante de tout un peuple affranchi du tribut, imposeroit silence à ceux dont il trompoit la cupidité ? O exemple unique & effrayant de l'empire des chefs & de l'aveuglement de la multitude ! Ce même peuple se souleve, & la main armée vient redemander au Dauphin le joug de l'impôt : il cede encore, il le rétablit : quel nouveau triomphe pour les factieux ! Non, cette sage condescendance les trompe & les consterne ; ils frémissent de voir renaître la tranquillité qu'ils redoutent ; déja ils sont réduits à chercher de nouveaux prétextes pour le troubler : quelques Officiers généraux, avertis par leurs outrages, sortent de Paris pour échapper à leur fureur; c'en est assez : Marcel présente cette retraite comme un projet; il affecte des craintes, il seme l'épouvante ; aussi-tôt on rassemble des armes, on pose des chaînes, on éleve des murs, on creuse des fossés, & les Par-

(1) Le Duc d'Harcourt.

ticuliers

ticuliers livrent sans regrets, à la sûreté d'un rebelle, des édifices que l'amour de la propriété avoit refusé de sacrifier à la sûreté de la Patrie, lorsque du Camp de Poissy Edouard menaçoit la Capitale.

Je m'arrête.... Le récit de tant de fureurs, fatigue une Nation qui ne connoît aujourd'hui que le bonheur & la fidélité : elle me demande avec amertume, si c'est-là le tribut de louanges que je conserve à la mémoire de CHARLES ; je lui demanderai à mon tour, où est la gloire sans le péril ? où se montre la vertu, si ce n'est dans les obstacles ? où se prépare le triomphe du Sage, si ce n'est dans les revers ? Poursuivons donc : mais en parcourant cette triste carriere, saisissons du moins, avec empressement, les époques où nous pouvons ne pas rougir de nos peres : reposons-nous sur ces traits de ressemblance, comme un Européen qui, jetté sur la côte des Maures, reconnoît tout-à-coup, au milieu de ces sauvages, un homme de sa couleur, court à sa rencontre, & le serrant dans ses bras, croit retrouver en lui tout ce dont il est séparé. Ainsi je dirai que les sollicitations de Pequigny ne purent entraîner la Noblesse ; que l'exemple de l'Evêque de Laon fit peu d'impression sur le Clergé françois ; que le peuple lui-même desapprouvoit hautement la conduite de Marcel, & que dans le nombre des co-opérateurs qu'il s'étoit choisis parmi les Députés des Etats, la plûpart refuserent bientôt de concourir à une administration dont ils sentirent l'énormité. Cependant laissons à l'Histoire le soin de démêler tous les ressorts de l'intrigue de ce

B

Magistrat, & de pénétrer les motifs qui conduisirent tant de fois sur les pas de ce rebelle, ceux même qui détestoient la rebellion : suivons le Sage au milieu de ces vicissitudes ; aucun instant n'est perdu pour lui ; toutes ses pensées, toutes ses démarches, tous ses efforts sont liés au même objet, le salut de la Patrie ; c'est pour elle qu'il fait parler sa dignité, lorsque du haut de son trône il foudroie les méchans, qu'il appesantit le sceptre sur la tête des coupables, & disperse les chefs comme de timides perdrix que l'aigle a frappées tout-à-coup de ses regards étincellans : c'est pour elle que, laissant l'appareil de la majesté, oubliant le langage de la puissance, il s'annonce par la douceur & la bonté, & prend le ton caressant d'un pere, lorsqu'il parcourt les provinces pour y ranimer la confiance & en rapporter des secours : c'est pour elle enfin qu'il se dévoue à l'événement, lorsqu'il reçoit en grace ses plus cruels ennemis, qu'il se rend à leurs soumissions, & se laisse désarmer par leurs promesses. Oh, Dieu ! qui est-ce qui a allumé sur tes autels l'encens qui fume encore en signe de reconnoissance de cette réconciliation (1) ? Est-ce le vœu sincere d'un peuple abusé ? est-ce la main impie du fourbe Marcel ? Le sacrilege se manifeste par l'effet de tes vengeances ; tu permets que le tigre altéré de notre sang, brise tout-à-coup ses fers ; qu'il renverse les murs de sa prison, & qu'il s'élance parmi nous, irrité par l'image de ses chaînes.

---

(1) La Ville de Paris offrit à Notre-Dame une bougie de la longueur du tour de ses murs. Ce vœu fut converti en une lampe que l'on entretient encore devant l'autel de la Vierge.

Le roi de Navarre est libre : à cette nouvelle, la vertu épouvantée se cache & gémit, les mal-intentionnés se rallient, & les ennemis de la France triomphent. Où prendrai-je désormais des couleurs assez fortes pour imprimer leurs nouveaux attentats, pour nuancer cette suite de tableaux qui ne varient que par les progrès de l'atrocité? N'est-ce pas assez de dire que CHARLES, dans l'impuissance de punir & de réprimer, sçut toujours dissimuler & souffrir, oser tout ce qui ne fut pas téméraire, tenter tout ce qui ne fut pas impossible, ordonner dès qu'il put contraindre, défendre dès qu'il put empêcher, adoucir les maux ne pouvant les détruire, préparer le bien ne pouvant l'établir; enfin que jusques dans ces instans, qui dûrent lui paroître les derniers d'une vie toujours exposée & l'époque de la destruction de la Monarchie, il ne cessa de montrer le même zele, la même activité, la même constance que si la Providence lui eût révélé le nombre de ses jours & la grandeur future de cet empire sous les regnes heureux des Bourbons... Non, ce seroit trahir la gloire de CHARLES, que de borner là son éloge; je me verrois peut-être accuser d'exagération, & je suis bien au-dessous de la vérité : ici l'imagination s'arrête avant que de l'atteindre, & quelques traits grouppés avec le simple crayon de l'Histoire, feront naître plus de sentimens d'admiration, que l'Eloquence ne peut en communiquer.

Du château d'Arleux le Navarrois prend sa route vers la Capitale, il ne s'arrête que pour chercher dans les cachots de dignes compagnons de ses projets; on force le Dauphin à assurer sa liberté; il entre à Paris au bruit des acclamations que les factieux lui ont ménagées ; il harangue le peuple en présence de CHARLES, il ose insinuer des prétentions à la Couronne ; il séduit, il entraîne par ses discours. ... Les circonstances ne laissent à CHARLES que les mêmes armes ; il ne dédaigne pas de les employer ; il descend de son trône pour monter dans la tribune où l'on lui dispute les cœurs de ses Sujets : il parle, & cette mobile populace paroît enchaînée par ses accens : *Je veux vivre & mourir avec vous*, lui dit ce sage Prince ; il le dit selon son cœur, la vérité de ses expressions fait couler des larmes d'attendrissement : mais le Tribun Marcel devient en cette lice le champion du Navarrois, & il décide les vœux de cette multitude. De son côté, L'évêque Lecoq s'empare du conseil de CHARLES ; sans se mettre en peine de surprendre sa confiance, il en usurpe les droits ; il se rend le ministre de ses volontés, pour les contrarier plus efficacement ; il s'érige en médiateur des querelles de son Maître & du Navarrois ; tout seconde sa témérité jusqu'aux instances de deux Reines accoutumées à effacer par leurs larmes les forfaits d'un Prince de leur sang ; & comme si l'impunité de ce barbare n'eût pas fait assez d'outrage à la justice, assez de violence au caractere de CHARLES, on lui fait signer un Traité qui contient la sauve-garde de tous les crimes, qui ouvre toutes les prisons, & déchaîne tous les scélérats contre la société. Quel sera le fruit d'une réunion formée sous de tels auspices ? une funeste sécurité ; la perfidie prendra le masque de la joie, elle ordonnera des festins, & la mort sera cachée sous les mets qu'elle aura préparés. Hélas ! le soupçon n'entre point dans l'ame du Sage, sa vertu repousse l'idée de la trahison, & il s'expose au péril plutôt que de se livrer à la défiance ; le parricide est consommé : CHARLES sent couler dans ses veines les germes rapides du trépas ; l'art salutaire de la guérison ne peut atteindre l'art infernal qui les a combinés ; la violence du poison répand dans tout son corps une mortelle langueur ; comme si l'espace eût manqué à son activité, il dévore les extrêmités qui l'arrêtent, il affoiblit tous les principes de la vie, ou plutôt il ne laisse à cette vie misérable qui doit s'eteindre avec le feu du venin, d'autre principe que l'agent de sa destruction, rallenti par de continuels secours. Quel spectacle pour la Nation ! quel danger ! Quoi, insensible témoin de ces abominations, comme ces impies qui n'adorent que la foudre, comme ces sauvages qui ne rendent de culte qu'à la férocité des animaux qu'ils redoutent, comme un peuple d'esclaves, qui ne connoît, qui ne respecte que le glaive du despote, qui obéit sans amour à celui à qui il demeure, qui le voit passer en différentes mains sans former des vœux, sans sentir des regrets ; elle n'éprouve pas ce courroux de justice, qui n'attend ni le jour de la conviction, ni les formes de la loi, ni l'appareil des tourmens ! Elle ne se livre pas à ces transports d'indignations qui commandent des vengeances subites, qui mettent dans toutes les bouches la sentence de mort, dans toutes les mains le fer des Bourreaux ! La

France entiere ne s'arme pas aussitôt contre le cruel Navarrois! Eh! ne lui reprochons pas une erreur expiée par tant de sanglots, lorsque la mort, fermant la plaie qui soutenoit la vie de CHARLES, enleva ce Prince, à ses vœux, après un regne de seize annees, qui ne lui avoient paru qu'un instant de félicité : ce fut alors qu'elle vit, en frémissant, la grandeur de l'attentat qu'elle n'avoit pas vengé, les maux qu'elle avoit mérités, le péril qu'elle avoit couru ; alors la profondeur de sa tristesse lui offrit l'image de cette fête horrible ; alors elle redemanda en soupirant à ce détestable jour, les jours qu'il avoit retranchés de sa prospérité : Que dis je ? alors, l'espace de quatre regnes ne put user le sentiment de sa douleur, & il ne cessa que lorsque sa sensibilité, entraînée vers un objet aussi digne & plus présent, lui fit verser les premieres larmes sur le tombeau du bon Roi Louis XII. Mais si le temps détruit à la fin les impressions de la tristesse, le souvenir de la vertu suffit pour reproduire celles de l'admiration, elle n'a pas besoin d'éveiller un intérêt prochain ; le tableau d'un Sage aux prises avec l'adversité, sera toujours le spectacle le plus digne de nos regards, & l'époque malheureuse que je viens de rappeller y ajoute le dernier trait, je veux dire le spectacle d'une ame toujours grande dans un corps infirme & languissant. Venez apôtres de la matiere, qui subordonnez la philosophie à la santé, la pensée au méchanisme de la constitution ; venez reconnoître une supériorité, une force indépendante des organes ; venez admirer la tranquillité, la vigueur de l'esprit jusques dans le dépérissement

des sens : je reprends la suite des évenemens.....
& quels évenemens ! j'y retrouve encore tous les crimes, tous les désordres, toutes les miseres : supprimons au moins les détails de ces tristes images : le roi de Navarre attend & prépare sans relâche l'instant de se déclarer usurpateur ; il emploie tour-à-tour l'art de l'intrigue, le parjure dans les traités, les sourdes trahisons & les hostilités ouvertes ; il protege & favorise contre la France, & l'ennemi qui enfreint la treve, & les troupes licenciées qui dévastent ses provinces : les rebelles ont levé l'étendard, Marcel a donné le signal, on ne voit plus dans Paris que des chaperons mi-partis ; malheur à tous ceux qui refusent d'arborer ses couleurs, ils seront martyrs de leur fidélité ; le clerc Perrin assassine le Trésorier du Dauphin : le supplice du coupable arrêtera peut-être la confiance de l'impunité ; non, le délire a gagné tous les Ordres, on ne s'occupe que des privileges de son état, comme si le meurtre ne détruisoit pas les privileges même de l'humanité : il trouve des apologistes dans l'Eglise, & ne pouvant arracher le meurtrier à la mort, le Clergé s'efforce d'arracher sa mémoire à l'ignominie par des obseques solemnelles : mais c'est encore peu que ces vains honneurs, il faut une autre satisfaction aux chefs du parti : ils entrent à main armée dans le palais de CHARLES, ils massacrent en sa présence les Maréchaux de Champagne & de Normandie, ils traînent leurs cadavres sanglans sur les marches du trône ; pour comble d'outrage à la Majesté, l'audacieux Marcel met sur la tête du Prince le chaperon dont il a fait le symbole

B iv

de la révolte, & prenant l'*Orfroi* qui ceignoit son front royal, il le porte en triomphe par toute la ville: que dirai-je de plus? CHARLES dans ces momens affreux abandonné de tous ses sujets, livré à la discrétion de ces forcenés, est réduit à déguiser jusqu'à sa douleur aux yeux de tout un peuple qui lui demande arrogamment l'approbation de ces attentats.

Si le Sage sait, quand il le faut, s'abreuver à longs traits dans le calice de l'humiliation, il sait aussi, quand le tems est venu, prendre sa résolution; le motif qui la diffère en garantit la constance, en présage l'évenement. CHARLES ne se laissa jamais emporter à ces mouvemens qui nous paroissent l'effet nécessaire d'une juste sensibilité, comme l'élasticité d'un ressort que l'on comprime & qui réagit en proportion de sa vigueur: c'est ainsi peut-être que le jugea le vulgaire, qui confond l'inertie & l'instabilité, parce que sa foiblesse accuse volontiers ce qu'elle ne peut atteindre: mais ce n'est point au commun des hommes à marquer le dernier terme possible de la vertu, c'est à ceux qui ont quelquefois essayé de dompter la nature & de s'élever à cette immobilité qui est le premier attribut de l'Etre suprême; c'est à nous, à qui le tems a dévoilé toutes les pensées, tous les sentimens, l'ame entiere de CHARLES, à prononcer sur la sublimité de cette inaction: captif dans son palais, privé de tous conseils, sans finances, sans soldats, sans amis, observé dans ses démarches, gêné dans ses moindres desirs, il trouva toujours le joug insupportable, mais il ne cessa de le supporter que lorsque la prudence lui eut permis un effort pour s'en affranchir, & marqué à son courage le moment de l'entreprise; ce moment fut celui de sa majorité. Les vertus ne suffisent pas, il faut encore des titres pour gouverner les hommes : tel est leur aveuglement, qu'ils refusent à la réalité ce qu'ils prodiguent à de trompeuses présomptions ; ce n'est qu'à de vains noms, qu'à des jours superstitieusement comptés qu'ils attachent leur respect & l'idée de la puissance. CHARLES connoît ce foible de l'humanité. Il prend la qualité de Regent du royaume ; il sort de Paris : les rebelles voient d'abord son absence sans inquiétude ; ils croient son retour prochain, ils s'abusent..... Tremblez, perfides, vous connoîtrez bientôt la sagesse de ses desseins ; il ne reviendra parmi vous qu'armé de toute l'autorité que vous avez outragée ! il s'est montré aux provinces, & déja il faut que sa politique retienne leur ardeur à punir vos forfaits ; déja les peuples lui apportent le tribut de leur amour, les nobles lui font un rempart de leur fidélité ; il acheve ce grand ouvrage en transférant hors de la capitale l'assemblée des Etats, & je le vois transporté tout-à-coup du sein orageux des séditions au milieu d'un peuple soumis : je vois aux bords de l'Oise (1) la Nation, ou plutôt ce qui reste de la Nation, ce que le fer des ennemis a épargné, ce que l'habitude du pillage n'en a point séparé, ce que la révolte n'a pas corrompu, s'attendrir sur tant de calamités à la vue du Prince qui les partage, admirer sa constance, & le remercier au nom de la Patrie de

(1) États de Compiegne.

n'avoir pas désesperé de son salut. Citoyens, témoins de sa magnanimité, que vous reconnûtes bien alors tout ce que peut la confiance réciproque du peuple & du Souverain ! un jour, un instant l'établit, & cet instant change vos destinées ; vous languissiez courbés par la douleur d'un profond desespoir, vous abandonniez votre tête au joug incertain d'un ennemi victorieux ou d'un heureux usurpateur, & tous vos cœurs appelloient la mort pour fermer vos yeux avant que ce spectacle en fît couler des larmes de sang..... CHARLES s'offrit à vos regards ; supérieur à l'infortune qui vous accabloit, il vous étonna par son courage, il porta dans vos esprits cette confiance que sa grande ame prenoit en elle-même, & l'opinion que vous emportâtes de sa sagesse, lui donna les moyens d'accomplir ce que vous n'aviez osé prévoir.

Assuré de son peuple, CHARLES n'a plus rien à redouter ; cent mille paysans sortent tout-à-coup de leurs chaumieres désolées pour exterminer la Noblesse qui les opprime (1) ; semblables à ces nuées qui se forment de plusieurs milliers d'exhalaisons éparses & imperceptibles, & qui ne paroissent qu'au jour qu'elles éclatent, ils se trouverent armés & réunis, sans chef, sans complot, sans autre signal que le murmure universel de l'oppression, sans autre guide que ce mouvement d'instinct qui rompt les liens de la dépendance & commande de repousser l'injustice par la force : ils tuent, ils violent, ils brûlent, ils saccagent, ils portent sous les lambris des châteaux toutes les

(1) On donnoit à cette faction le nom de *Jaquerie*, parce que les Nobles appelloient les paysans, *Jaques, bons hommes.*

horreurs dont leurs cabanes ont été le théatre; rien n'arrête leur férocité, & cette férocité leur est en quelque sorte étrangere, c'est l'effet nécessaire & toujours trop peu senti de l'empire des mœurs; c'est lui qui a transformé ces timides agneaux en des lions rugissans; c'est lui qui leur a fait un droit de la barbarie qu'ils ont éprouvée, & les loix impuissantes pour défendre le chaume du pauvre, laissent le palais du riche à la merci des représailles. CHARLES voit avec douleur, mais sans effroi, ce dernier contre-coup de l'anarchie expirante; de même que le magistrat qui, après avoir arrêté de toutes parts la communication de l'incendie, livre aux flammes le reste de l'édifice qu'il n'a pu leur arracher; c'est ainsi qu'il regarde desormais tout ce que la terreur des rebelles leur fait entreprendre pour dérober leurs têtes au sort qu'ils ont mérité: il marche bientôt avec assez de forces pour les réduire: il investit la capitale, qui leur prête encore un asyle; mais il se contente de la menacer, son cœur détestoit une victoire qui feroit de ses états le théatre de ses conquêtes; il lui étoit réservé de donner ce premier exemple de modération au Héros qui devoit le suivre après deux siecles: le tems ramene les mêmes événemens, & l'histoire des vertus passées est l'oracle des grands hommes. Que le lâche Marcel s'agite pour trouver l'impunité à force de crimes, qu'il introduise les soldats d'Edouard jusques dans l'enceinte de la ville, qu'il achete de tout l'or de ses concitoyens la complicité du Navarrois, que ce Prince se ligue encore avec le Monarque anglois, qu'il joigne de secretes trames à ces attentats publics, CHARLES retient les armes de ceux qui l'environnent, & ne laisse agir que les sentimens d'amour & d'admiration qu'il a inspirés; l'exemple, la confiance, l'intérêt les publient, ils se communiquent de proche en proche, ils ont franchi ces murs élevés par la trahison, une seule main armée par eux suffit pour arrêter toutes ce fureurs, elle ferme les portes que Marcel ouvroit aux ennemis de l'Etat, le traître expire sous les coups du fidele Maillard; à l'instant les Parisiens, libres du joug des factieux, appellent par les vœux de l'obéissance le Prince qui doit leur rendre leur tranquillité.

La puissance unie à la sagesse, est sur la terre l'image la plus sensible de la Divinité; elle ne s'annonce pas par la terreur, elle ne s'estime pas par le nombre des victimes qu'elle s'immole, elle ne se repaît pas de l'affreux plaisir des vengeances. CHARLES entrant dans Paris en triomphe, voit suspendre les acclamations de l'allegresse par les murmures insolens, par les menaces insensées d'un soldat téméraire; le zele avoit déja levé mille glaives sur sa tête : ce fut en lui donnant la vie que CHARLES fit l'épreuve d'un pouvoir qui n'avoit pas besoin d'être étayé par l'effroi; la voix de sa clémence rappella tous ceux qui s'étoient volontairement bannis, elle n'excepta que le petit nombre des complices qui avoient connu & marqué le but de la haute trahison; & loin d'écouter ces conseils odieux de la nécessité politique, qui embrasse des générations innocentes dans le châtiment d'un seul coupable, il ne fit éprouver à leurs veuves & à leurs enfans que les effets de sa bienfaisance.

Je touche à l'un des plus beaux instans de la vie de CHARLES, à cet instant qui annonce tout le bonheur de son regne, comme l'amour aveugle des favoris avoit annoncé les malheurs de son pere : quel jour pour sa gloire, que celui où il en sacrifia le préjugé au devoir de la justice ! plus je sens la grandeur de ce sacrifice, plus je crains de l'affoiblir en l'exprimant : je voudrois être entendu de tous les Souverains de l'Univers, peut-être que l'avantage de soutenir en leur présence la cause de l'humanité, m'inspireroit un ton digne d'un si grand intérêt : que ne puis-je au moins me flatter d'atteindre cette éloquence sublime dont la renommée s'empare, dont elle recueille les traits dans les conférences du Lycée comme dans les assemblées de l'Aréopage, qu'elle répete longtems autour des trônes, & que sa voix, supérieure aux murmures confus de l'adulation, fait enfin parvenir à l'oreille des rois ! je leur dirois : O vous, qui faites la destinée des hommes, connoissez les sentimens d'un Monarque que sa Nation a proclamé *Sage*; il savoit qu'un seul bras ne peut donner des fers à tout un peuple, & qu'une seule action généreuse peut enchaîner tous les cœurs; il pensoit que sa puissance étoit l'effet de notre amour, que sa justice en étoit la mesure : si quelqu'un de ces lâches qui sacrifient tout à la faveur, qui soumettent la vérité même à l'orgueil d'un rang qui éblouit leur bassesse, eût entrepris de lui persuader que la majesté du sceptre ne permet pas à celui qui le porte de rétracter les sentences qu'il a prononcées, de justifier ceux qu'il a accusés, de relever ceux qu'il a abattus ; s'il eût osé lui conseiller de méconnoître les loix, parce qu'elles pourroient un jour gêner ses caprices, il auroit repoussé ce flatteur avec indignation. Obsédé par les méchans, ce Prince avoit destitué & flétri sans formes, sans raison, vingt-deux officiers integres ; à peine rendu à lui-même il ne craignit, ni de reconnoître la surprise, ni d'avouer l'effet de la contrainte ; sa main déchira publiquement le titre de proscriptions qu'elle avoit signée, il rétablit ces magistrats dans leur fortune, dans leur honneur, & avoua solemnellement les loix qui les protégeoit contre lui-même (1).

Après ce récit j'offrirois aux Souverains le tableau touchant de la sensation générale qui suivit cet héroïsme d'équité ; je leur représenterois le Peuple François transporté d'amour, épuisant aux pieds de CHARLES les témoignages d'un zele plus tendre encore que respectueux, lui offrant plus de biens qu'il ne s'en réservoit, plus de vies que ce Prince ne croyoit avoir de Sujets, les Villes abandonnant la défense de leurs murs pour suivre ses drapeaux, & la Noblesse entiere s'obligeant de le servir sans rétribution ; je leur ferois voir le perfide roi de Navarre cherchant desormais en vain des complices de ses conspirations, & les citoyens les plus suspects ne recevant ses ordres que pour dévoiler ses abominables desseins : Comparez maintenant, leur dirois-je enfin, comparez le faux éclat de cette grandeur qui éleve le despotisme de votre volonté à l'indépendance de votre

─────────
(1) Lettres du 28 Mai 1359, par lesquelles les Officiers qui avoient été privés de leurs Offices par l'art. VI de l'Ordonnance du mois de Mars 1357, sont rétablis dans leurs Offices, droits & bonne renommée. *Ordonnances du Louvre, tome III, page 345.*

propre raison, qui ne subsiste que par la défiance, qui n'obtient jamais que ce qu'elle pourroit arracher, avec cette puissance que fonde l'affection que l'humanité applaudit, que la liberté même respecte, qui prévient les vœux d'un Monarque, qui passe ses desirs, qui lui rassemble des armées sans solde, qui lui trouve une moisson dans les champs que la grêle a ravagés, qui lui fait des espions des confidens de ses ennemis, & pour qui le zele crée au besoin des ressources que tout l'art des gouvernemens n'eût pu, ni préparer, ni prévoir.

Ainsi CHARLES, par sa justice, se concilia tous les esprits, détruisit toutes les factions, & rétablit si heureusement dans l'intérieur cette concorde, cette unité de vœux qui fait la force des empires, qu'il n'eut plus que l'ennemi étranger à redouter lorsque la treve expira. Ici la fortune lui préparoit de nouvelles disgraces. Le Sage n'a de passions que pour la vertu; mais les passions qui naissent de la vertu, ne sont pas toujours exemptes de troubles & d'agitations, elles produisent, comme les autres, des irrésolutions; elles éprouvent les chocs violens de sentimens opposés qui déchirent notre ame en se la disputant, & cet état n'est jamais plus pénible que lorsque ces sentimens sont des devoirs. Jean II accepte toutes les conditions qu'Edouard met à sa liberté; il presse le Régent de ratifier un Traité qui transporte au roi d'Albion la souveraineté d'une partie de la France: CHARLES frémit à la vue de ces conventions dictées par l'orgueil d'un vainqueur ambitieux, & souscrites par un Monarque affaissé par l'ennui

d'une longue captivité : en ce moment toute sa sensibilité se réveille ; car la réflexion qui détruit la sensibilité de la foiblesse, ne peut que redoubler celle de la nature : s'il refuse, il prolonge les malheurs d'un pere, il les aigrit, il les augmente ; un fils augmenter les malheurs d'un pere ! il attire enfin sur lui, sur son peuple, toutes les forces d'une Nation jalouse, que la victoire n'a point encore abandonnée ; s'il accepte, il livre un trône qui est à lui, qui est à son sang pour l'occuper, & non pour en disposer, il tronque une couronne qui ne lui appartient que pour la transmettre, il sacrifie des sujets qui sont ses enfans ; de toutes parts il n'apperçoit que des écueils à fuir, des reproches à mériter, & ce qui est plus amer encore que l'adversité, des repentirs à éprouver. Que dis-je ? des repentirs ! CHARLES prévit toutes les suites possibles des diverses résolutions : leur perspective l'affligea ; mais il ne connut pas les horreurs de l'indécision sur ce qu'il étoit réservé aux loix de décider ; il n'avoit pas attendu pour consacrer leur autorité, que la fortune l'eût placé dans un de ces instans où le despote lui-même voudroit pouvoir leur soumettre une volonté tyrannisée par la nécessité d'outrager la Nature, ou de consentir à la dissolution de son empire : il assemble les Etats généraux, il prend l'avis du Sénat, conservateur de l'héritage de nos Rois : là le traité est apporté sans prévention, écouté avec intérêt, examiné avec zele, & l'unanimité de voix des magistrats & des peuples qui le rejettent avec indignation, qui préferent tous les maux de la guerre, que l'honneur de voter librement pour le
salut

salut de la Monarchie enflamme de plus d'ardeur que les républicains n'en ont pour le fantôme de la liberté, est pour Charles un éclair de lumiere qui perce la nuit des tems, & lui fait entrevoir dans l'avenir la fierté d'Edouard abaissée par une résistance imprévue, sa fureur consumée en menaces impuissantes, son ambition bornée par l'essai de ses forces: mais que ce jour doit encore coûter de soupirs à la piété de Charles, de précautions à sa sagesse, de travaux à sa constance! Il lui faut soutenir l'image accablante de son roi & de son pere à la merci d'un ennemi outragé, transféré de prisons en prisons, livré à tout ce que la colere peut ajouter de gêne & de dégoûts à la durée de sa détention; il lui faut soutenir, avec les cris de sa douleur, l'amertume de ses reproches, l'injustice de ses soupçons.... Charles devoit passer par toutes les épreuves du Sage: la calomnie est la derniere; enveloppé dans sa vertu, il eût pu en braver les traits: mais la main d'où ils partent leur ouvre un passage à son cœur, & il gémit sur l'erreur qui l'accuse, parce que l'opinion d'être trahi par un fils est le comble des maux pour un pere. Tandis qu'il est en proie à ces tristes pensées, le superbe Anglois marche à la tête de cent mille combattans, résolu cette fois d'achever la conquête de la France. Il assiege avec opiniâtreté ces murs où l'on conserve le chrême de nos Rois, comme s'il vouloit forcer le Ciel à se déclarer, en usurpant ce gage de sa protection. Le Navarrois le seconde toujours par ses perfidies, & des soldats étrangers accourent en foule à sa suite, pour avoir part au butin; semblables à ces loups carnassiers qui descendent des montagnes du Nord, & suivent les traces de la contagion, pour se repaître des cadavres qu'elle laisse dans les climats du Midi. Jamais armée plus formidable n'étoit sortie des bords de la Tamise; jamais le Léopard ne s'étoit élancé avec autant de rage sur les lys qu'arrose la Seine; c'est l'heureux Annibal, qui réunit contre Rome épuisée toutes les forces de Carthage triomphante: mais il reste à la France un Fabius, qui sait vaincre sans combattre, dévouer sa gloire au salut commun, & supporter les défis insultans d'un ennemi réduit à tenter son orgueil, pour surprendre sa prudence. CHARLES se borne à la défense de ses places, il les fortifie, il les approvisionne, il y renferme ses hommes & ses richesses, & de-là voit ce colosse foudroyant traverser ses plaines, comme le cultivateur regarde en automne la grêle qui tombe sur la terre dépouillée de ses fruits. Ainsi Edouard parcourt toute la France sans obstacle, mais sans succès: il reconnoît toutes les villes, il s'approche encore de cette capitale, objet éternel de son ambition; il appelle en vain par ses menaces le Sage qui l'habite, & qui brave ses pieges: bientôt la nécessité des vivres le force d'en chercher jusques dans les provinces où il en a détruit l'espérance; & après avoir longtems éprouvé la disette, après avoir vu périr une partie de ses troupes de misere & de fatigues, il revient à Londres signer le traité de Bretigny...... Que d'idées agréables se présentent tout-à-coup à mon imagination! L'olivier va naître enfin où croissoit le triste cyprès, l'habitant des campagnes cherche déja fous les ruines & les cendres du pillage, le fol de fon ancienne chaumiere; il la releve avec joie, il reprend fans crainte la culture de fes guérets, tant de fois moiffonnés par les flammes, & le commerce rafluré promene fa corne d'abondance. La paix de Bretigny! Quel nom dans notre hiftoire! qu'il eft confolant, après ceux de Crecy & de Poitiers! Oh, François, qui aimez à l'entendre, parce que vous aimez votre patrie, parce que vous vous plaifez à retracer à votre efprit les événemens qui ont perpétué jufqu'à vous, jufqu'à vos enfans, la plus douce, la plus floriflante des dominations, le plus jufte équilibre de la puiffance d'un Monarque & de l'inftabilité des loix, le plus parfait accord de la liberté de l'homme & de la dépendance du citoyen, ces mœurs polies qui tiennent à votre conftitution, & ces arts qu'enfantent vos mœurs; fouvenez-vous, toutes les fois que vous vous rappellerez cette paix qui coûta fi peu après tant de revers, qui femble moins la condition d'un vainqueur à fon captif, qu'un reglement entre deux Puiffances, après quelques foibles avantages; cette paix où les conventions furent prefqu'égales, les renonciations compenfées, les foumiffions réciproques; cette paix que vous regardez avec juftice comme une nouvelle fondation de votre Empire; fouvenez-vous qu'elle fut l'ouvrage de CHARLES, qu'il en forma le plan le jour même qu'il faifit les rênes abandonnés du gouvernement; que fa fageffe a conduit d'inftant en inftant vos deftinées à travers mille écueils, jufqu'à cette heureufe révolution, & élevez-lui dans vos cœurs un monument éternel de reconnoissance.

Je devrois peut-être ajouter à la gloire de Charles toute la prospérité des dernieres années de Jean II, puisque ce Monarque ne s'assit sur le trône que son fils lui avoit rendu, que pour lui donner de justes témoignages de son amour & de son estime, pour approuver solemnellement tout ce qu'il avoit ordonné, & sceller en sa faveur le libre abandon de l'autorité pendant le cours des voyages qu'il entreprit: mais le temps qui m'est donné ne suffit pas à mon sujet; il me presse d'arriver à une époque plus intéressante, & c'est désormais Charles régnant qui va fixer nos regards.

## SECONDE PARTIE.

L'adversité est l'école des grands Hommes; on l'a déja dit, on le redira peut-être toutes les fois que l'on parlera des Héros & des Sages. Cette pensée est liée à presque tous ces noms illustres qui sont chers à notre mémoire, ou qui réveillent notre admiration; triste vérité qui ne nous laisse pas même des vœux à former! Le malheur est-il donc la seule occasion de montrer des vertus? Est-ce qu'elle manque jamais à ceux qui gouvernent, ou bien la nature réserve-t-elle les Êtres extraordinaires pour des périodes inévitables de calamités? Non, c'est que l'agitation des revers met en jeu toutes les facultés de l'ame, l'exerce par la réflexion, la fortifie par les périls; c'est que l'action lui rend toute la vigueur que lui ôte l'ivresse du bonheur: l'acier qui entame le caillou, cede aux progrès insensibles de la rouille qui le décompose; un long repos produit le même effet sur les esprits : la puissance qui n'est pas souillée par l'intérêt présent de sa conservation, se livre bien-tôt à l'aveugle confiance de l'orgueil, s'abandonne au sommeil de la mollesse ; on ne travaille que pour augmenter sa jouissance : ainsi le plus bel éloge est d'avoir triomphé de cette épreuve. Mais je ne sais si je dois plus louer Charles d'avoir sû se défendre des écueils de la prospérité, ou d'avoir constamment fait celle de son peuple. Jusqu'ici nous avons vu sa sagesse combattre des obstacles, surmonter des dangers, & naître en quelque sorte des événemens; nous la verrons maintenant créer & commander les événemens de son regne; elle lui a gagné les cœurs de ses sujets, elle regle l'usage des forces que lui livre leur amour, & leur félicité est entiérement l'ouvrage de ses vertus. Son discernement dans le choix des hommes, son application à proportionner les emplois au mérite, place des héros à la tête des armées; sa sévérité met en fuite tous les vices qui infectent les Cours, la brigue qui arrache la confiance à titre de dignité, l'envie qui ronge sans bruit la réputation des talens, la cabale qui étourdit par l'adulation & la calomnie; sa prudence assure le succès de ses armes; son juste mépris pour l'éclat des victoires laisse toujours agir toute sa prudence, & maintient sa résolution contre l'ambitieuse valeur des Chefs ; son équité, sa modération décident en sa faveur les vœux de toutes les nations, sa bonne foi lui répond de ses alliés, sa bienfaisance appelle tous les guerriers qui n'ont que l'intérêt de se signaler : au sein de la paix sa prévoyance éleve des remparts autour de ses villes, forme des soldats, construit des flottes, exerce des matelots; son économie suffit à tout ce qu'exige sa prévoyance: l'activité de sa vigilance cautionne les destinations; elle obtient sans effort de ses peuples tout ce qu'il prodigue pour leur défense. C'est ainsi qu'il arrête un ennemi puissant, qu'il rend à la Monarchie tout ce qu'elle avoit perdu, qu'il répand la terreur de ses armes: voilà ce que produisent au-dehors ses vertus.

Au-dedans sa justice établit l'ordre, assure la liberté des citoyens, protege l'innocent, effraie le coupable, forme des loix nouvelles, & ce qui est bien plus efficace que toutes les loix, porte dans les tribunaux l'esprit du Monarque, & cet heureux préjugé qui dans l'instant décisif des opinions, dit tout bas à chaque Magistrat: Le Maître est juste, soyez-le pour lui plaire, si vous ne l'êtes pour la justice même; osez-le à l'abri de sa puissance qui vous garantit la liberté de votre devoir: ne regrettez pas votre application: il observe avec intérêt des travaux qui l'acquittent: sa constance à repousser la prévention, enhardit tous ceux que le zele presse de lui découvrir quelque vérité importante; son humanité mesure avec inquiétude les besoins de l'État & les besoins des Particuliers: elle veille sans relâche pour leur assurer la portion de biens qu'ils n'ont pas sacrifié à leur sûreté; elle cherche des ressources qui ne coûtent rien à leur aisance: sa piété fait respecter la religion, son amour pour les lettres ouvre la carriere des sciences, ses mœurs enfin donnent des mœurs à son peuple ; car qui ne sait tout ce que peut l'exemple de ceux qui gouvernent, quel prix il ajoute à la vertu, quelle honte il imprime au vice, avec quelle rapidité ils les communiquent à leur gré ; qui ne sçait que leurs habitudes sont des loix vivantes qui permettent ce qu'ils osent, qui défendent ce qu'ils évitent, loix toujours armées par l'intérêt de ceux qui les approchent, que ceux-ci reportent dans le centre de la société, & dont tel est le pouvoir, qu'elles entraînent l'imitation, lors même qu'elles excitent le mépris. Qu'il fut heureux ce peuple qui vécut sous un tel maître ! C'est ici qu'il faut ramener ces douces images que je n'ai pu retenir, en annonçant un Sage sur le trône : c'est à cette heure que je puis dire que le regne d'un Sage comble tous les vœux, qu'il écarte tous les maux, qu'il procure, qu'il réalise enfin, autant qu'il est possible, cette fable du bonheur que les hommes de tous les tems se sont plu à grossir des traits de leur imagination. Après cela pourrions-nous croire à ces vaines subtilités, qui distinguent les qualités de l'homme & les qualités du Souverain, qui font un art de régner indépendant des vices & des vertus de celui qui regne ; faux système, que la politique a imaginé pour expliquer des événemens étrangers à la prudence des Rois, que l'adulation adopte pour excuser leurs foiblesses ! Que l'on me dise donc quelles sont les vertus d'un Monarque dont ses peuples ne recueillent les fruits, quelles sont ses passions dont ils ne ressentent les effets. Quoi ! il seroit indifférent que celui qui d'un mot, d'un geste, d'un coup d'œil regle le sort de tant de mortels, qui le fait encore alors qu'il cesse de s'en occuper, fût incessamment dans le délire de l'orgueil, dans les transports de la colere, dans l'ivresse des voluptés ! Proscrivons une erreur aussi pernicieuse. La mémoire de CHARLES me force à déchirer le voile de gloire qui couvre les vices brillans des Princes, elle me commande d'éteindre l'encens qu'une stupide admiration a allumé devant leurs statues. Est-ce donc que le Créateur de tous les êtres a formé chaque Nation pour un seul ? Est-ce que les sociétés politiques n'existent que pour les chefs ? Un Roi ne l'est-il qu'alors qu'il promene le ravage sur la terre, que quand il écrase ses sujets du poids de sa puissance ? Quels talens que ceux qui font couler alternativement le sang & les larmes ! Non, l'art de régner n'est point l'art d'être formidable ; ce ne sont point des talens qu'il faut à ceux qui sont élevés au-dessus des autres ; ce sont des vertus, elles suffisent toujours à leurs devoirs, parce qu'il suffit qu'ils veuillent constamment le bien, parce qu'il suffit qu'ils appellent la vérité avec ardeur, qu'ils l'attendent sans partialité, qu'ils l'écoutent sans chagrin, pour qu'ils trouvent toujours des yeux pour l'appercevoir, des bouches pour la leur révéler ; & il est bien doux de s'arrêter à cette réflexion, lorsque l'on considere que la nature ne produit les génies que par intervalle, qu'elle dispense inégalement les talens, & qu'elle ne distingue pas les Princes dans cette distribution. Il faut en convenir, l'histoire a trop parlé des grands Rois, elle ne semble occupée qu'à recueillir les suffrages de la terreur, qu'à peindre des révolutions extraordinaires ; comme si les vertus tranquilles n'avoient pas assez de quoi nous plaire, comme si les hommes étoient toujours des enfans que l'on ne peut amuser que par les contes des géans. C'est pour les bons Rois que je reclame le titre de Grands, c'est à l'image de toute une Nation heureuse à produire en nous un intérêt plus vrai, plus noble, plus touchant ; c'est le seul digne d'un Prince qui répondit à ses flatteurs : *Qu'il ne trouvoit les Rois heureux, qu'en ce qu'ils avoient le pouvoir de faire du bien* ; c'est le seul enfin que je desire exciter, en rappellant ses victoires, ses loix, ses principes & sa sagesse dans toutes les différentes parties du gouvernement, & je ne crois pas pouvoir donner une plus belle idée de son regne, qu'en disant que l'on ne peut louer ce Monarque, que par les rapports de ses vertus avec la félicité de ses sujets.

Tout ce qui existe sur la terre, travaille nécessairement à se perpétuer, toute propriété entraîne le desir de la conserver : ces deux sentimens ne conviennent pas seulement à tous les hommes en particulier, ils appartiennent encore à toutes les familles, à toutes les sociétés, à toutes les peuplades répandues en différens climats. Ces êtres politiques éprouvent ces passions pour eux-mêmes, comme l'individu pour sa vie & ses possessions : dans les Républiques leur impression est uniforme, elle est entiere pour chaque citoyen, elle se multiplie en se divisant : aussi vive, mais plus réglée dans les Monarchies, elle affecte d'abord le Souverain, du Souverain elle passe aux sujets ; la vigueur des loix est l'agent de cette communication : dans les Etats despotiques elle n'est connue que du maître, qui concentre en lui seul tout l'intérêt de sa puissance. Rien de plus naturel, rien de plus juste que ces sentimens, & la paix de l'Univers ne seroit jamais interrompue si la loi de la réciprocité pouvoit en conserver l'équilibre. Mais l'ambition de s'aggrandir a fait un droit de la force, les hommes sont continuellement armés, pour conquérir ou pour défendre, & pour comble de maux, les querelles des Princes ont rendu le genre humain l'instrument de leurs vengeances. Il n'est pas toujours question de la propriété des nations, des bornes des empires, de la sûreté des états; les guerres sont souvent de véritables duels que l'orgueil provoque, que l'orgueil soutient, & que se livrent les chefs avec cent mille champions qui s'égorgent sous leurs bannières. De tous les motifs qui commandent le carnage, il n'en est qu'un que le Sage approuve en gémissant : il n'y en eut qu'un de légitime aux yeux de CHARLES, ce fut la nécessité, non cette nécessité arbitraire qu'exagere le penchant, qui va au-devant des allarmes, qui prend la marque de la précaution, mais cette nécessité qui croît longtems avec la patience qui la dissimule, qui montre un danger présent, qui est reconnue par les décrets de la Justice, qui frappe tous les yeux, que répetent toutes les voix. Ainsi quand Du Guesclin défit à Cocherel les troupes du Navarrois, quand le nouveau Roi envoya ce chevalier pour le combattre, il ne céda pas au ressentiment de tant d'injures passées, de tant d'attentats impunis; il ne s'occupa que de la nécessité de délivrer une province qui étoit en proie à ses hostilités, d'en conserver une qui étoit l'objet de son entreprise, de désarmer un Prince dont les prétentions renaissoient à tous les événemens, augmentoient avec les forces, & qui prêtoit son nom & ses drapeaux à tous les guerriers que l'Anglois avoit laissé en-deçà des mers. Loin de se croire justifié par la victoire, il demanda le suffrage des Nations, il soumit sans réserve à l'arbitrage des Puissances médiatrices, le droit qu'il s'étoit assuré par ses armes, & ne voulut d'autre prix de ses succès, que de forcer l'ennemi, qu'il pouvoit détruire, à signer les conventions que la justice eût dictées avant le combat.

Ainsi lorsque CHARLES porta de nouveau la guerre dans les états de ce perfide, il avoit de nouveaux crimes à punir; le Sénat avoit prononcé la conviction, & la confession de ses complices, reçue par tous les Magistrats en présence de tous les Grands du royaume, étoit consignée dans les archives de la vérité.

Ainsi ce fut à regret que CHARLES fit cesser une paix dont le Monarque anglois recueilloit tous les avantages, sans en observer les conditions. N'affoiblissons pas par d'autres expressions le témoignage d'un Historien contemporain & non suspect: *Il lui greva à penser & considérer la destruction du pauvre peuple, qui ja si longtems avoit duré* (1). Le souvenir de ses pertes ne peut le décider à y consentir; l'espérance de les réparer dans un moment plus favorable, ne lui fait point illusion sur la frivolité de ce prétexte de l'ambition. Le soulevement des Gascons contre

(1) Froissard.

le fils d'Edouard lui présente une occasion avantageuse ; mais l'avantage de l'occasion est étrangere à sa justice. Il reçoit leurs plaintes en Souverain protecteur de leurs privileges, & non en ennemi qui épie le moment de la rupture : l'outrage fait à ses députés, le droit des gens violé en leur personne, ne lui paroît pas encore un motif assez légitime, parce qu'il tient à un mouvement d'indignation, parce qu'il ressemble à la vengeance, & sa fermeté désarme les Princes de son sang, trop prompts à servir un couroux dont il s'est rendu maître. CHARLES ne reconnoît la nécessité d'employer la force, qu'au refus obstiné d'Edouard d'exécuter un traité qui fait la sûreté réciproque des deux Nations, qu'aux infractions multipliées de ce Monarque, qui rançonne les ôtages, élude les renonciations & conserve les places qu'il doit restituer. L'appel des Barons de Guyenne est examiné dans le conseil de CHARLES, Edouard est ajourné pour répondre à la Cour des Pairs, la déclaration de guerre est un arrêt du Parlement, un vœu général du peuple, que le Prince consulte & qu'il enhardit à blâmer un dessein qu'il est temps d'abandonner (1) Dans le cours de ses prospérités, il s'arrête à la premiere proposition de paix, il consent toutes les treves qui permettent de l'espérer ; les succès de huit campagnes ne peuvent ôter de sa pensée ce scrupule d'équité qui l'a fait balancer au moment de l'entreprise ; & dans un temps où il n'a plus à

(1) États généraux du 21 Mai 1369 : *Le Roi dit que si dans cette affaire on jugeoit qu'il eût trop fait, ou qu'il n'eût pas assez fait, il trouveroit bon que l'on lui représentât, & qu'il étoit encore en état de corriger ce que l'on trouveroit à reprendre dans la conduite qu'il avoit tenue.* Ordonnances du Louvre, tome VI, *Préface.*

redouter l'événement, où il semble n'avoir plus qu'à s'applaudir de sa fortune, qu'à jouir de ses avantages, au milieu des fêtes qu'il donne dans sa cour à l'empereur des Germains il pose sa couronne, fait asseoir ce Souverain sur un tribunal & plaide devant lui la cause de ses victoires. Que l'Univers dut être étonné de ce spectacle ! quelle fut l'admiration de tous les peuples, en voyant un Roi douter de l'infaillibilité de ses résolutions, se défier sans cesse de la prévention de son intérêt, mettre en question la justice de ses armes triomphantes, chercher des juges dans un rang qui lui réponde de la liberté de leurs opinions, & soumettre volontairement le droit du glaive à la balance de l'impartialité ! O conduite magnanime & vraiment digne d'un Sage ! Qu'eussent fait de plus ces hommes à qui l'antiquité semble avoir approprié l'honneur de ce titre, si l'orgueil de la pourpre n'eût pas altéré l'austérité de leurs maximes ? Qu'eût pensé le respectable citoyen, ce philosophe de l'humanité, qui médita toute sa vie sur les moyens d'éterniser la paix, si le ciel avançant le jour de sa naissance lui eût permis d'entendre ce plaidoyer ? Il eût dit en montrant CHARLES aux Nations : Voilà l'homme que j'ai peint, notre idée n'est point allée au-delà de ses vertus, elles me consolent, elles me justifient, elles vous apprennent que je n'ai pas formé un vœu impossible ! Que les trônes soient remplis un instant par des Princes qui lui ressemblent, & cet instant consommera mon projet pour des siecles de paix.

Ce sentiment de justice que nous apportons en naissant, que nos mœurs affoiblissent, que nos passions étouffent quelquefois, mais que rien ne peut détruire ; qui dirige nos vœux, qui perce jusques dans nos erreurs, qui existe par nos remords, comme une lumiere qui embrase le vaisseau qui contraint ses rayons : ce sentiment nous a longtems persuadé que le bras du fort ne pouvoit prévaloir sur le droit du foible. C'est par ce préjugé, dont la cause est si pure, que les combats judiciaires ont subsisté pendant tant de générations. Mais sans cesser d'adorer cette divine Providence, dont il ne nous est permis, ni de sonder les secrets, ni de tenter les jugemens, nous avons reconnu qu'elle abandonnoit souvent l'homme à ses propres forces, & que les guerres les plus justes n'étoient pas toujours les plus heureuses. Ce n'est donc pas assez pour un Souverain de les entreprendre avec raison, s'il ne les soutient avec avantage : c'est-là surtout que les Rois sont jugés par la réussite, c'est-là que le malheur n'est jamais innocent, qu'il est déclaré sans ménagement le crime de la foiblesse, la cause de l'imprudence, ou la peine de la témérité ; & peut-être cette opinion est-elle le plus souvent vraie; je me sens entraîner vers elle lorsque j'examine la conduite de CHARLES, lorsque je me représente l'état de foiblesse & d'épuisement où il trouva la France, lorsque je considere tous les moyens, toutes les ressources que prépara lentement sa sagesse, & que je les rapproche des succès constans de ses armes. Avant que de monter sur le trône, il avoit connu tout ce qu'il avoit à redouter de l'ambition d'Edouard & de la jalousie de sa Nation; il s'étoit pénétré de cette grande vérité, que l'on ne conserve la paix qu'en préparant la guerre, & qu'il est du devoir d'un Monarque de se tenir prêt à repousser les attaques même qu'il ne peut prévoir. Dès-lors il ne cesse de s'occuper de ce grand objet. Le choix des Généraux est un article important & presque toujours décisif : il y porta toute son application, il le médita sans attendre que l'occasion le forçât de le précipiter : il le conserva, il le répéta longtems en lui-même, avant que de le déclarer. Pour le former, il commença à s'attacher par ses bienfaits tous les guerriers distingués, il les chercha dans tous les rangs, il les appella de toutes les provinces, il recueillit tous les suffrages, tous les vœux ; il épia, si l'on peut le dire, ce bruit de la vertu qui force quelquefois l'envie : il y prêtoit une oreille attentive, dans ces instans où le courtisan lui-même parle sans déguisement, parce qu'il est sans intérêt. Il combina toutes les réputations: les Clisson, les Duchatel, les Coucy, les Yvain & plusieurs autres, eurent une part dans son estime, qui fut la mesure infaillible de leurs talens, & Du Guesclin eut toute sa confiance. Le nommer, c'est en dire assez à ceux qui s'entretiennent encore aujourd'hui de sa valeur, de son génie, de ses vertus. Je n'ai garde de vouloir faire honneur à CHARLES de tous les exploits de ce fameux Capitaine : non, sa gloire est d'avoir employé Du Guesclin ; celle-là est à lui seul, & le Monarque fut plus grand sans doute, lorsqu'il remarqua ce Chevalier à l'assaut de Melun, lorsqu'il s'empressa de le secourir, que témoin de son intrépidité, il soupçonna son mérite, & grava ces faits dans sa mémoire pour le récompenfer & s'en fervir, que s'il eût couru les mêmes dangers & reçu les mêmes bleſſures. Que j'aime à le voir après cela le combler de biens, racheter de ſes deniers la liberté qu'il a perdue en combattant pour Charles de Blois, l'envoyer en Caſtille s'eſſayer dans l'art de commander, le rappeller pour le mettre à la tête de ſes armées, le prier avec inſtance d'accepter l'épée de Connétable, le raſſurer contre la calomnie des Cours, lui promettre de ne l'écouter qu'en lui permettant de le confondre, lui tranſporter enfin l'obéiſſance de tous ſes ſujets & des Princes même de ſon ſang, avec cette fermeté rigoureuſe qui ſoumet l'orgueil des rangs à l'intérêt de la patrie, & qui étouffe ſans retour ces diſcordes des chefs, ces rivalités criminelles, ſi ſouvent fatales aux Nations.

Que l'on ne penſe pas cependant que CHARLES ne prit tant de précautions que pour relâcher enſuite ſon attention, que pour ſe repoſer entiérement ſur la capacité du Connétable; il ne ceſſe de préparer, de diriger toutes les opérations de ſes armées. Je vais parcourir rapidement tous les détails qu'embraſſe la vigilance de ce Monarque, tous les travaux qu'il ſe réſerve perſonnellement; que l'on me ſuive un inſtant dans ce recit, & l'on verra que, ſi l'éclat de quelque action, le laurier de quelque victoire appartient tout entier à du Gueſclin, le Sage eut plus de part que le Héros à cette conſtance de fortune que nous admirons ſous ſon regne.

A l'art d'oppoſer ſes forces à l'ennemi, les nations en ont ajouté un autre, qui a pour objet de
s'approprier

s'approprier celles de leurs voisins, ou de les retenir dans l'inaction de la neutralité, art nécessaire, mais toujours incertain, & souvent perfide, qui n'a d'autres regles que l'instant du moment, qui réclame & viole alternativement un droit qu'il a rendu arbitraire, & qui prend en quelque sorte l'empreinte de toutes les passions : une haine commune forme des nœuds qui durent jusqu'à la réconciliation ; la vengeance cultive en secret le germe des discordes dont elle veut profiter ; la cupidité vend ses secours au plus offrant, & l'ambition ne rougit pas d'associer à ses conquêtes ceux qu'elle médite de réduire bientôt sous le même joug. Que d'alliances signées dans des vues respectivement étrangeres à tous ceux qu'elles obligent ! que de conditions souscrites avec le dessein de les éluder ! la ruse paroît être l'ame de ces conventions. La politique de CHARLES fut toujours digne de sa sagesse ; & subordonnée à sa justice, elle n'eut jamais d'autre but que de maintenir cet équilibre des Puissances, qui est le garant de la paix. Il pensa qu'un si grand motif devoit survivre aux Princes, & prévaloir éternellement sur les systêmes de leurs projets ; il voulut que ses alliances fussent des pactes de nation à nation : la réputation de sa bonne-foi, l'assurance de la réciprocité, les droits du sang, le devoir de la reconnoissance, voilà quels furent ses moyens ; & les liens que produisirent ces vertus furent aussi durables qu'elles. Le Monarque Anglois fit toujours de vains efforts pour diviser ce qu'elles avoient uni, pour rompre des engagemens qui enchaînoient son ambition ; l'Écosse, rendue à ses

D

légitimes Souverains, tient sur l'Angleterre un puissant contrepoids qu'elle suspend du consentement de CHARLES, qu'elle laissera échapper à sa volonté; les Bretons annoncent à leur Duc la résolution de l'abandonner, s'il embrasse le parti d'Édouard, & ils tournent leurs armes contre ce Vassal infidele, aussi-tôt qu'il s'est déclaré contre son Suzerain; le Comte de Flandres accorde son héritiere au duc de Bourgogne; la fille de Philippe de Valois est confiée à l'Infant d'Aragon, la mort peut tromper l'espérance de cet himen, mais rien ne peut affoiblir le concert établi entre les deux royaumes. Édouard offre à Henri de Castille tout ce qui touche le plus un Roi, le sacrifice d'un titre qui menace incessamment sa couronne, & des prétentions qui le dénoncent usurpateur; il n'exige d'autre prix que la promesse de refuser ses secours à la France: à ces offres, il ajoute tout ce que la politique a de ressources, de manœuvres, de pieges pour déterminer, pour effrayer, pour séduire, & le Navarrois prête sa voix artificieuse à cette négociation; mais il ne remportera que la honte d'avoir inutilement tenté la fidélité, que le reproche d'avoir sollicité un roi contre un bienfaiteur qui l'a placé sur le trône: une nation contre un allié, qui l'a délivrée du plus cruel des tyrans (1). Henri de Castille ne connoît pas même ces retours obscurs d'une politique qui croit s'acquitter par des démonstrations,

(1) Dom Pedre, surnommé le Cruel, Roi de Castille: il avoit fait assassiner tous ses freres & empoisonné Blanche de Bourbon sa femme, sœur de Jeanne de Bourbon, femme de CHARLES V. Il fut détrôné par Henri de Transtamare son frere naturel, aidé des troupes de France & de Du Guesclin.

tandis qu'elle trahit en secret plus efficacement : à la voix de CHARLES, ses vaisseaux couvrent nos ports, combattent avec nos pavillons : il s'avance jusqu'en Guyenne, à la tête des Castillans : il porte la guerre en Navarre. Dans tous les tems, dans toutes les occasions sa reconnoissance semble attendre l'ordre de nos desseins ; & dès qu'ils lui sont connus, il les seconde avec la même célérité, la même ardeur que si l'Espagne eût été une province de cette monarchie.

Du cabinet où CHARLES rédigeoit les intentions de ses négociateurs, où il jettoit les fondemens de ces puissantes confédérations, son esprit se portoit sur tous les objets, animoit tous les travaux : il envoyoit à ses troupes des regles de discipline, & établissoit des inspecteurs, assuroit la subordination, prescrivoit des exercices, pourvoyoit aux gages, défendoit les rapines, & préparoit des soldats au chef qu'il leur destinoit : car qu'eût fait l'habileté du Général avec ces hordes effrenées que l'on rassembloit à la hâte, qui ne trouvoient leur solde que dans la licence du pillage, qui ne recevoient de commandement que de leur impétuosité ou de leur effroi, qui engagerent le malheureux combat de Crecy lorsque Philippe ordonnoit la retraite, qui s'enfuirent à Poitiers lorsque Jean donnoit le signal : delà il faisoit visiter les fortifications, réparer les citadelles, & détruire les châteaux qui n'auroient servi qu'à multiplier les garnisons. Des Émissaires toujours fideles, lorsque le maître est vigilant, lui rendoient des comptes exacts, & à la vue de ces raports, il régloit, il décidoit, il donnoit des

Dij

ordres qui n'étoient pas seulement revêtus de son nom : mais qui étoient réellement les expressions de ses volontés ? Les Ministres de CHARLES n'occupent dans nos fastes que la place obscure de quelques favoris qui n'eurent aucune influence dans l'administration.

La France, depuis les croisades, n'avoit vu dans ses ports que les bâtimens qui servoient son luxe ; elle en avoit éprouvé la foiblesse toutes les fois qu'elle avoit été forcée d'en changer subitement la destination : CHARLES en fit construire pour sa sûreté ; il sentit la nécessité d'opposer des forces navales à des insulaires. On le vit à Harfleur hâter, par sa présence, le premier embarquement : des loix sévères mirent sous la protection spéciale de l'Etat, ces forêts où la nature grossit lentement les bois propres aux navires : deux fois il sacrifie sa vaisselle à la dépense de ses armemens : la Manche étonnée réunit trente-cinq vaisseaux de ligne, sous les ordres de l'amiral Jean de Vienne, & l'Angleterre put à peine défendre ses côtes de nos incursions par la réunion des escadres qui menaçoient nos villes maritimes, ou qui devoient transporter ses armées sur notre continent.

Ainsi CHARLES parvint à resserrer de toutes parts cette puissance ambitieuse, à lui ravir en une seule guerre les avantages de plus d'un siecle, & le prix de plusieurs victoires éclatantes. Je n'entreprendrai pas le récit de tous les sieges, de tous les combats qui assurerent successivement la fortune de ses armes : j'étonnerai sans doute assez lorsque j'annoncerai ses conquêtes par les noms des

Provinces, lorsque je dirai qu'il reprit la Guyenne, le Poitou, la Saintonge, le Rouergue, le Limosin, le Périgord, & qu'il ne restoit à Edouard d'autre fruit de tant de travaux que les murs de Calais, lorsqu'il demande la treve de Bruges.

Si nous pouvions interroger les mânes de ceux qui assistoient à ces fréquentes entrevues du Monarque & de ses Généraux, au retour des campagnes, avant leur départ pour de nouvelles expéditions, ce seroit à eux à nous découvrir tous les moyens de sa sagesse, à nous dire avec quelle franchise il assuroit à chacun la liberté d'exprimer sa pensée, avec quel empressement il recueilloit toutes les lumieres, avec quelle sagacité il comparoit toutes les opinions, formoit son avis après les avoir tous écoutés, & traçoit ensuite, à ses divers corps de troupes, des plans combinés, dont il ne leur étoit plus permis de s'écarter; mais nous avons assez des faits que l'histoire nous a conservés : elle nous représente ce Prince, sans cesse occupé à réprimer cette fougueuse bravoure, qui qui avoit tant coûté à la France, contenant les soldats par la discipline, les chefs par des ordres absolus & réitérés, observant tout depuis son trône, s'approchant quelquefois pour diriger plus commodément les opérations, & de près ou de loin, tenant toujours, si l'on peut le dire, ses armées sous sa main, pour ne leur donner le champ que lorsque la victoire étoit assurée Philippe le Hardi joint les Anglois à la vallée de Tournehem, il s'apprête à cueillir des lauriers; tous les Chevaliers demandent la bataille : sont-ce des vainqueurs qui préparent un triomphe ? sont ce des victimes qui courent à la mort ? Le destin ne l'a point révélé : mais CHARLES n'abandonna pas au sort des armes un avantage que peut décider sa prudence ; elle n'a besoin que de la présence de ces guerriers, qui veulent prodiguer leur sang, & la permission de combattre est refusée à leurs instances. Knolles, Lancastre, Buckingham viennent successivement avec toutes les forces de l'Angleterre, tenter enfin un retour de fortune par une action décisive : les François ont plus de desir de leur en offrir l'occasion, que leurs ennemis n'ont d'intérêt de la chercher ; mais CHARLES est inébranlable : laissez les Anglois faire leur chemin, ils se détruiront d'eux-mêmes. C'est ainsi qu'il répond à tous les murmures, à toutes les importunités. Cependant il fait harceler ces armées, leur marche est environnée d'embûches, tout ce qui s'écarte est enlevé, tout ce qui s'endort est surpris, ces grands corps sont défaits par pelotons ; & trop affoiblis pour rien oser, ils rentrent à Calais sans avoir rien entrepris. La résistance de Derval irrite le duc d'Anjou : c'est assez pour qu'il soit rappellé. Le Sage ne prend pas conseil du dépit ; Du Guesclin lui-même, Du Guesclin, en qui l'esprit de CHARLES sembloit maîtriser les mouvemens de la valeur, qui avoit appris aux François à demeurer dans leurs retranchemens, qui tant de fois s'étoit montré insensible aux défis, qui avoit plié le génie de la nation à les supporter, Du Guesclin se laisse aller au desir de venger la captivité d'un frere ; ce motif l'arrête devant Cherbourg, & il faut toute la fermeté du Monarque pour l'arracher à la périlleuse résolution de réduire cette place, tant il est difficile aux guerriers de ne pas mêler l'intérêt de leurs passions à la destinée des Empires. Qu'est-ce donc lorsque les Rois, qui ne sont pas comptables de leurs desseins, éprouvent eux-mêmes ces passions, que l'amour de la gloire les enflamme, qu'ils habitent leurs camps, qu'ils se plaisent à ordonner les batailles, & qu'elles reçoivent le signal du premier mouvement de leur volonté. Ah ! le vœu de l'humanité est que la conduite de CHARLES serve de modele à tous les Souverains ; que comme lui, ils n'entreprennent la guerre que par nécessité ; que comme lui, ils ne perdent jamais de vue son véritable objet. Ecoutons ce témoignage que lui rendit son ennemi : *Il n'y eut onc Roi qui s'arma moins, & si il n'y eut onc Roi qui me donna tant à faire.* Il est donc vrai que les états n'en seroient que plus florissans, que les Princes eux-mêmes n'en seroient, ni moins hardis, ni moins redoutés, ni moins grands. Pour affermir ces vérités utiles, je veux comparer un instant un roi sage & un roi conquérant ; je n'irai pas chercher ce parallele hors de mon sujet : en peignant les vertus de CHARLES, j'ai crayonné fidélement le premier personnage du tableau : Edouard me fournira tous les traits que je puis mettre en opposition. Quel Souverain jouit de tant de fortune ? quel Vainqueur réunit tant de couronnes ? Un peuple que l'orgueil de partager sa grandeur courboit incessamment devant ses trophées ; un roi de France dans ses fers, maître d'une partie de ce royaume, jouissant déja de l'autre par l'illusion des titres & la confiance de ses armes : voilà le côté brillant ; voilà ce qui séduit les ames les plus généreuses : attendons le dénouement pour prononcer. A l'instant que la sagesse de CHARLES a rallenti ses conquêtes, ses autels élevés par l'adulation, sont renversés par la malignité, toutes ses vertus sont oubliées, ses sujets ne sentent plus que l'épuisement, où les a laissés cette vaine gloire : les subsides ne leur avoient rien coûté pour seconder des projets d'ambition, ils les refusent pour assurer leur défense : ils n'aperçoivent dans le Héros malheureux qu'un homme alternativement le jouet des diverses passions : on le force d'éloigner ses ministres, on chasse ses favorites, on fait le procès à toutes ses foiblesses, il semble que l'on ait à se venger sur lui-même de la honte de l'avoir encensé ; humilié jusqu'à solliciter l'alliance de ses vassaux, qui la dédaignent, il voit le mépris succéder à la flatterie ; & comme elle fut sans bornes, il est sans ménagement. Quel Prince hésitera entre la condition de CHARLES & celle d'Edouard ? Le premier naît, pour ainsi dire, au milieu des débris de son trône ; il le soutient chancelant & le relève avec plus d'éclat : le second trouve ses états & l'Europe en paix ; le trouble, pour satisfaire son orgueil, le repaît d'un peu de fumée & finit par le répentir. L'un éprouve sans remords une infortune qu'il n'a point méritée, il la surmonte : l'autre l'éprouve sans consolation, & il y succombe, parce que son ame n'est pas préparée au revers qui le précipite, parce qu'il n'a, ni la douceur d'en pouvoir rejetter la cause hors de lui-même, ni l'espérance de la voir cesser. CHARLES conserva jusqu'au dernier moment l'estime & l'affection de son peuple ; c'est un pere tendre qui expire dans les bras de ses enfans, qui le pleurent, le bénissent & le regrettent ; il lit sur tous les visages les allarmes de la sensibilité, les transes de la douleur ; & le superbe Edouard meurt abandonné : ses dernier regards tombent sur la figure hideuse de la cupidité, qui laisse échapper le masque de l'attachement, par l'impatience d'emporter ses dépouilles. Il est mort ; il ne lui reste de sa gloire que ce mot du Sage, qui le juge comme la postérité : *Il doit être mémoire de lui au nombre des Preux*, tandis que le nom de CHARLES le Sage inspirera à tous les peuples de tous les lieux & de tous les tems, ce sentiment supérieur à tous les Eloges : Puissions nous vivre sous un tel Monarque !

Ajouterai-je à ces portraits de deux Princes si différens, les tableaux plus différens encore de la situation de leurs peuples ? Ah ! ce seroit comparer l'être au néant : car quel est le sort des sujets sous un roi conquérant ? que leur reste-t-il si on leur ôte cette illusion passagere de l'orgueil des vainqueurs ? quelles loix respecte un guerrier qui ne connoît que le droit du glaive ? quelle liberté sous un roi que le spectacle de la discipline militaire conduit nécessairement au despotisme ? quelle justice attendre de celui qu'une adulation continuelle a en quelque sorte déifié, & qui, accoutumé à avoir au premier signe de sa volonté les plus rapides évolutions, s'étonne que la raison résiste, quand la force est docile à sa puissance ? Non, il n'appartient qu'à ceux qui ont acquis un nom par quelque vertu, de servir à l'éloge de celui qui l'a surpassé, & ce seroit dans les vies des Aristides & des Platons, plutôt que dans toutes les dynasties des Souverains, qu'il faudroit chercher des traits propres à relever la justice de Charles. Nous l'avons vu la pratiquer scrupuleusement jusqu'avec ses ennemis : il voulut encore l'assurer à tous ses sujets. C'est sous ce dernier point de vue qu'elle arrête présentement mes regards ; c'est cette justice qui maintient pour tous les citoyens une égalité plus réelle, plus solide, plus douce que celle que notre ingratitude redemande quelquefois à la nature ; la seule égalité possible sans doute ; l'égalité de droit à la force qui protege & qui venge ; l'égalité de privilege pour la propriété du chaume, comme pour celle des plus vastes possessions, pour le salaire de l'artiste, comme pour les trésors de l'opulence : ouvrons les archives de la législation françoise, le vrai trésor de la monarchie, où l'opprimé trouveroit toujours un bouclier contre l'oppresseur, s'il lui étoit toujours permis d'en approcher, si la cabale ne veilloit à l'entrée pour l'interdire à ceux qu'elle a proscrits ; mais elle laisse du moins quelquefois l'historien & le littérateur pénétrer dans cet asyle : entrons & secouons la poussiere que l'oubli a déposée sur tant de loix si belles, trop nombreuses peut-être, mais que le marbre devroit répéter en tous lieux, qui devroient être écrites en caracteres de bronze sur les murs de ces palais où la cupidité les viole impunément : avançons ; c'est ici que sont rassemblées celles de Charles ; c'est-là que son esprit respire : que de monumens de la plus haute sagesse ! J'y vois ce Prince tout occupé d'un devoir aussi saint, ouvrir le temple de Themis longtems fermé par les guerres, rappeller à ses fonctions cette Cour souveraine, *qui représente sans moyen la personne du Roi*, déterminer le nombre de ses Officiers, assigner leurs gages sur les épaves des condamnations, & s'interdire la faculté d'en changer la destination; je le vois former des titres aux Magistrats pour résister à sa volonté, & leur défendre absolument l'obéissance à des ordres qui interromproient le cours de la justice (1); il examine, il confirme, il fait revivre, par l'observation, les ordonnances de ses Prédécesseurs; il porte le dernier coup à ce droit exorbitant des Nobles, de terminer leurs différends par les armes; le Clergé est assujetti au serment qu'il doit au Souverain; les tribunaux ecclésiastiques ne peuvent plus faire tomber le glaive que par le concours de la puissance temporelle; l'agriculture est protégée, ces animaux si nécessaires à nos besoins, ces instrumens qui fertilisent la terre, sont mis sous la sauve-garde de l'Etat, contre les pieges de l'avarice, contre l'avidité du créancier, & le traitant lui-même est contraint de respecter une portion de bien, qui n'est entre les mains du laboureur que pour l'avantage commun de la société; le commerce & l'industrie qui parcourent la terre, qui s'arrêtent où ils trouvent pain, liberté & faveur, sont attirés par de nouveaux privileges, des bords du Tibre, de l'Ibere & du Tage; aucun objet n'échappe à l'attention du Monarque: elle perce les dédales

(1) Ordonnances du Louvre, tome V, page 323. *Nous sommes assés records que aucunes fois vous avons mandé par importunité de requerants, de surseoir à prononcier les uns..... & aussi par l'infestation des Gens de nostre hôtel, nous avons voulu oir pardevant Nous la plaidoirie d'aucune petites causes*, &c.

de la chicane : elle découvre les rapines de ses suppôts : un seul coup abat plusieurs têtes de l'Hydre : le plaideur indigent reçoit un titre pour obtenir des secours qu'il ne peut acheter : le fer de la persécution est enlevé à la ferveur des nouveaux convertis : les antres de la débauche sont fermés : le débiteur opiniâtre est contraint de redouter les censures, & le crime est poursuivi au-delà des frontieres. Dans toutes ses loix enfin, la religion reconnoît le fils aîné de l'Eglise; la tolérance, un chrétien zélé, mais humain; la justice, un sage législateur; & les mœurs, un censeur vigilant.

De la justice passons à la finance : mais que dis-je ? la finance n'est-elle pas aussi une partie de la justice ? A-t-elle un droit à part, des regles différentes, une autre équité, ou bien est-elle dispensée de suivre aucunes regles, de consulter aucune équité ? ne seroit-ce en effet que l'art funeste de multiplier les impôts par des inventions nouvelles, d'arracher au malheureux, par des voies plus lentes & plus obliques, le dernier épi qui lui reste pour sa subsistance, de consumer en un moment les richesses de plusieurs années, comme cette adresse des dissipateurs pour trouver des ressources qui consomment leur ruine ? ah ! ne laissons pas soupçonner que cet odieux système ait pu s'établir sous le regne d'un sage. CHARLES se regardoit comme le pere de ses peuples, il possédoit, dans le dégré le plus éminent, cette vertu des peres que la nature leur enseigne, que les loix leur recommandent, qui est si salutaire pour eux-mêmes, si avantageuse pour leurs enfans, cette juste économie qui réduit les besoins à la proportion des facultés, qui jouit de ce qu'elle se refuse, & qui produit insensiblement l'abondance. La libéralité n'est pas vertu pour les Rois, parce qu'elle coûte trop peu à celui qui donne, parce qu'elle ne fait qu'entasser dans une main ce qu'elle a recueilli de plusieurs, parce qu'enfin tout ordre est renversé, quand c'est l'homme qui dispose des richesses du Souverain. CHARLES fut souvent retenu par cette réflexion : il fut juste dans la distribution des récompenses, mais modéré dans celle des bienfaits : il s'étoit prescrit à cet égard des regles étroites : il eut le courage de les consigner dans des loix solemnelles : il s'engagea à ne point toucher aux deniers destinés à la défense du royaume, à ne faire aucuns dons sans en exprimer les causes, & en cédant à l'ambitieuse importunité de l'un de ses freres, il fit sceller, avec la grace qu'il lui accordoit, la défense d'en solliciter de nouvelles.

Jamais les subsides ne furent établis avec plus de circonspection, répartis avec plus d'égalité, levés avec plus d'humanité ; jamais le patrimoine public ne fut plus respecté, & la cupidité réprimée avec plus de rigueur : la soif de l'or a de tout tems corrompu les hommes, sa possession n'étoit pas encore devenue le titre exclusif de la considération, la finance ne formoit pas un état aussi nombreux, aussi puissant que dans ces derniers siecles ; mais la facilité de s'enrichir tentoit déja quelques citoyens de tous les états, & portant dans la profession du lucre le crédit & l'autorité qu'ils empruntoient des professions de l'honneur, ils forçoient l'oppression au silence. CHARLES proscrivit cet abus; & leur défendit tout intérêt public ou secret dans les fermes royales; l'administration fut soumise à des regles certaines, la religion du serment devint un garant de la fidélité des dépositaires, de l'incorruptibilité des surveillans. Tant de précautions ne pouvoient être infructueuses; cependant il y eut encore des malversateurs, mais ils ne jouirent pas longtems de l'impunité. CHARLES laissa tomber sur eux le glaive de sa justice. Je voudrois pouvoir placer ici tous les motifs de cette loi d'un Prince clément qui sut être severe pour le salut de son peuple : on ne l'entendroit pas sans partager tous les sentimens qu'exprime le Monarque : cette voix publique qui crie longtems, & qui se lasse enfin par le désespoir de se faire entendre, a frappé les oreilles de CHARLES; c'est assez, il faut que le mal cesse, que les auteurs soient punis : il veut que l'exemple balance désormais la tentation par la *terreur* : il retrace, il détaille toutes les concussions, tous les crimes, qu'il n'est hélas! que trop facile de concevoir : son cœur saigne en se les rappellant; il se plait à penser *que son peuple grevé se rejouira de voir cette bonne & notable justice.* Le jour de la délivrance est venu, le son de la trompette éveille dans tout le royaume les citoyens pour leur annoncer qu'il est permis à cette heure de sonder les ténebres de l'iniquité, de révéler les fraudes; qu'il est enjoint, sous de graves peines, de les dénoncer; l'or n'aura point cette fois l'avantage de justifier les forfaits qu'il aura fait commettre, *nul ne doit être si hardi que de composer*; l'autorité, ni la faveur n'oseront rien entreprendre pour sauver les coupables; le Souverain a menacé de son indignation ceux qui les protégeroient, & les juges ont ordre de lui déférer toutes les sollicitations, fussent-elles des Princes de son sang ou des gens de son Conseil (1).

La France retentit encore des justes éloges de l'administration sous le regne du grand Henri; nous les répétons tous les jours avec attendrissement: que de traits de ressemblance me frappent: Je les saisirai, non pour comparer deux bons Rois, & ajouter à la gloire de l'un tout ce que je pourrois ôter à celle de l'autre; mais pour que leurs noms se mêlent & se confondent désormais dans les impressions de notre reconnoissance; pour que la postérité, aux yeux de qui tout ce qui s'éloigne est également présent, ne sépare jamais la mémoire de ces deux Monarques. Tous les deux trouverent l'Etat affoibli par des guerres malheureuses, écrasé par les dettes & dans une nécessité pressante : tous les deux commencerent par diminuer les impôts: leur premier sentiment fut la pitié de leur peuple; leur premier vœu fut pour sa félicité (2). Ils trouverent le domaine de la Couronne entiérement diverti : ils le retirerent des mains avides qui l'avoient usurpé, ils l'augmenterent par de nouvelles acquisitions, ils en scellerent à perpétuité la réunion. Forcés d'établir des subsides, ils n'employerent pas la res-

(1) Ordonnances du Louvre, tome VI, page 514.
(2) ,, Nous ayant pitié & compassion de notre Peuple.....
,, avons remis & quitté par tous les lieux & villes du plat-pays
,, de notredit Royaume la moitié de tout ce à quoi ils sont im-
,, posés par composition comme autrement ". *Ordonnance du 19 Juillet 1367.*

source pernicieuse de l'affoiblissement des monnoies : ils en chercherent de moins onéreux ; ils garderent toujours cette mesure que prescrit la justice & qui soutient la confiance. On peut également leur appliquer ce que l'on a dit d'un des plus grands hommes de l'antiquité ; ils furent clémens jusqu'à s'en repentir, & tous les deux réprimerent avec la même sévérité les rapines des traitans (1). Enfin après avoir acquitté, l'un la rançon de son pere, l'autre le prix de l'obéissance des Ligueurs ; après avoir libéré l'Etat de ses emprunts, bâti des palais, doté des établissemens, aggrandi & décoré la capitale ; après avoir enrichi tous ceux qui les avoient fidelement servis, & soutenu avec magnificence l'éclat du trône, tous les deux laisserent dans les coffres de l'épargne des sommes dont le calcul étonne, lorsque l'on considere la courte durée de leur regne (2) ; & ce qui est bien digne d'être remarqué, les mêmes charges que les sujets avoient supportées volontiers, tandis qu'ils en gouvernoient le produit, exciterent des murmures & des troubles dès qu'ils eurent disparu.

Il manqueroit quelque chose à l'éloge d'un grand Roi, & le portrait du Sage ne seroit point achevé, si je ne parlois de son amour pour les Lettres : peut-être même croiroit-on difficilement

(1) J'ai vu l'original d'une Lettre de Henri IV à M. de Sully, datée de Fontainebleau du 29 Octobre (1609), par laquelle il lui envoie les plaintes qui lui ont été adressées contre le Receveur Pujot ou Pajot, & le charge d'en faire faire *justice qui serve d'exemple aux gens de sa profession.*

(2) Il s'y trouva dix-sept millions à la mort de CHARLES, suivant les Historiens de ce tems ; ce qui fait plus de 170 millions de notre monnoie.

que

que ce Prince fût sorti aussi philosophe des mains de la Nature ; qu'environné des écueils de la grandeur, il eût pu suivre aussi constamment les sentiers de la sagesse, sans y avoir été guidé par l'étude de la vérité, sans y avoir été soutenu par le desir de connoître cette habitude de réfléchir & cette justesse de sentiment qu'acquierent également les beautés des arts & les profondeurs des sciences. CHARLES les accueillit, les honora, les cultiva : il apperçut bientôt leur rapport avec la prospérité des empires ; il pensa qu'elles ne pouvoient qu'être utiles, qu'elles serviroient du moins à annoncer, à conserver, & les vérités qui déplairoient au siecle présent, & les vertus qui ne seroient plus dans les mœurs, parce que l'écrivain qui veut parvenir à la postérité, s'appuie nécessairement sur la morale universelle des temps & des lieux : il sentit combien elles étoient nécessaires à ceux qui gouvernent ; il en fit un précepte de l'éducation des Rois : en auroit-il craint le progrès parmi ses peuples ? l'expérience, plus forte que le raisonnement, l'avoit convaincu que, si l'ignorance est plus aveuglement docile, l'homme éclairé est plus courageusement fidele : il n'oublia jamais que de tous les corps de la capitale, l'Université avoit été le seul qui eût refusé de prendre les marques de la révolte. Sous son regne on rechercha les chef-d'œuvres des Anciens : on vit paroître des traductions ; la lyre françoise préluda ces accords qui n'ont cessé depuis d'être perfectionnés ; tous ces manuscrits, tous ces essais furent recueillis par l'ordre de CHARLES, & gardés dans la tour du Louvre ; &

E

de-là est sortie cette bibliotheque de nos Rois, le plus riche trésor de l'Univers pour qui met l'intelligence au-dessus de la matiere. Il fallut toute la puissance du Monarque réunie à sa sagesse, pour faire faire aux lettres le premier pas, dans un temps où l'orgueilleuse ignorance leur déclaroit une guerre ouverte. Le croira-t-on ? elle osa se plaindre à lui des honneurs qu'il leur prodiguoit. Sa réponse fut un oracle, qui attache à jamais la fortune de cette Monarchie à la considération des Savans (1).

Jusqu'ici j'ai suivi fidélement l'Histoire ; elle m'offroit un champ assez vaste, & je puis l'appeller en témoignage de tout ce que j'ai dit : je suis forcé de l'avouer en ce moment, pourquoi n'a-t-elle ni confirmé ni démenti cette tradition, qui nous représente CHARLES refusant la thiare pontificale ? quels faits seront donc dignes de son attention ? quels sont ceux qu'elle s'appliquera à connoître, qu'elle desirera de perpétuer, si elle néglige un exemple aussi rare, aussi grand de piété & de modération ? Mais après lui avoir adressé ce juste reproche, consultons encore ses récits : Urbain est élu dans Rome, & Clément dans Avignon : tous les Fideles attendent que l'on leur montre le véritable successeur de S. Pierre. CHARLES ne rend point sa politique l'arbitre des consciences, aucune considération humaine ne

---

(1) *Les Clercs ou la sapience on ne peut trop honorer ; & tant que sapience sera honorée en ce Royaume, il continuera à prosperité ; mais quand déboutée y sera, il décherra.* Christine de Pisan.

Ce Prince porta aussi son attention sur les Arts ; il fit venir d'Allemagne Henri de Vic en 1370, pour faire l'horloge du Palais, la premiere qui ait été faite en France.

détermine ses vœux ; il assemble tout le Clergé de son royaume, il suspend la résolution jusqu'à ce qu'elle soit unanime, il épure par la solemnité du serment les motifs de ceux qui doivent la former ; enfin il reconnoît Clément VII, & l'acte de sa déclaration est conservé au Vatican, comme un monument de soumission chrétienne, de zele & de vertu.

Si j'avois entrepris de recueillir tous les traits de sagesse de CHARLES, il faudroit m'attacher à tous les événemens, interroger toutes les occasions, ou plutôt il faudroit passer en revue tous les jours de son Regne, en faire un tableau, ranger sous chacun les actions de clémence (1), de bonté, de douceur, d'affabilité, de bienfaisance dont il fut témoin ; après cela je dirois avec assurance qu'il n'en perdit aucun dans le sens où le vertueux Titus s'en faisoit le reproche : je pourrois dire beaucoup plus peut-être, je pourrois dire qu'il n'y en auroit aucun à justifier : mais, est-ce donc d'un mortel que je parle ? Les ai-je bien comptés ? Non, il faut l'avouer, le brave Du Guesclin eut un jour de disgrace. Ah ! que la condition des Rois est malheureuse, si celui qui fut le plus en garde contre la calomnie, est tombé une fois dans ses pieges ! Oui, le Sage peut être surpris, mais il ne s'endort pas dans la prévention de sa colere. Deux Princes du sang royal reporterent bientôt à Du Guesclin, avec l'épée de Connétable, le désaveu du soupçon qui avoit blessé

___

(1) Il suffit de dire, pour faire juger de la clémence de CHARLES V, que le procès du Roi de Navarre ne fut commencé que sous le regne de Charles VI.

sa fidélité ; il continua de servir avec le même zele, il fut employé avec la même confiance jusqu'à sa mort, le Monarque sensible le pleura ; & pour que la postérité connût toute l'estime qu'il avoit pour ce grand homme, il fit déposer ses cendres près du tombeau qu'il s'étoit choisi pour lui-même. Hélas ! il ne tarda gueres à l'habiter, le dernier instant consomma la vie du Sage ; c'est là que les hommes l'attendent pour former un jugement irrévocable. Que CHARLES fut grand dans cette épreuve ! Nous vantons la constance de Socrate se familiarisant pendant trente jours avec l'idée terrible de la mort : que dirons-nous d'un Monarque qui n'a point d'ennemi à fuir, qui n'a que des amis & des enfans à quitter, qui, attaché à la vie par tous les liens, par le plus fort de tous pour une ame généreuse, par le desir de prolonger la félicité de tout un peuple, à peine parvenu au milieu de sa carriere, en envisage le terme sans effroi, qui du faîte des grandeurs tourne ses regards sur l'instant qui doit le rendre égal au dernier de ses Sujets, qui ne cesse de s'en occuper pendant les trois dernieres années de sa vie ! Toutes ses vertus se réunissent pour préparer, pour former, pour assurer ses dispositions : en les lisant, on croit entendre un Philosophe qui sort d'une méditation profonde sur la fragilité des choses humaines ; il desire que rien ne puisse distraire sa piété, lorsqu'il faudra les abandonner ; sa tendresse pour son peuple lui fait chercher avec inquiétude quel sera son sort, lorsqu'il ne le sera plus ; tous les maux inséparables des Régences se retracent à son esprit, il en abrege la durée en avançant la majorité des Rois (1); il divise l'autorité pour modérer l'ambition, la tutelle & l'administration sont séparées; il établit des Conseils, il appelle à la sanction de ces Loix tous ceux qu'elles intéressent, tous ceux qu'elles obligent, tous ceux qui peuvent les réclamer ou les maintenir; il semble que sa fin lui ait été annoncée, & qu'il n'ait pris tant de tems que parce qu'il étoit nécessaire à ses desseins. L'heure fatale approche, il ne s'en apperçoit que pour mieux employer celle qui reste; il fait venir les Princes qu'il a jugés plus dignes de sa confiance, il épanche encore dans leur sein sa tendre sollicitude pour ses peuples: *L'Enfant est jeune & de léger esprit*, leur dit-il, en parlant de son Successeur, *je vous le recommande, conseillez-le*. Il leur découvre toutes les vues de sa politique, leur montre les routes qu'ils doivent suivre: il leur ordonne surtout d'abolir les impôts; cet ordre ne le tranquillise pas encore sur un soin aussi important, il fait dresser l'Edit de suppression, & le signe, pour ainsi dire, en expirant: ainsi mourut ce Prince philosophe, ce Héros chrétien, ce Monarque chéri, à qui la voix publique donne les surnoms d'*Éloquent*, de *Riche*, d'*Heureux* & de *Sage*, à qui la postérité a conservé ce dernier, qui les renferme tous. Tant qu'il y aura des François, son nom leur sera cher; après eux il vivra dans la mémoire de ceux qui leur succéderont; son Histoire sera connue des siecles à venir qui rechercheront les grands exemples de vertu; elle sera traduite

(1) Ordonnance du mois d'Août 1374. *Cette Ordonnance fixe la majorité des Rois de France à 14 ans.*

dans les langues qui ne sont pas nées, & partout où elle parviendra, les peuples s'écrieront. Puisse-t-il vivre aussi dans la mémoire de ceux qui sont assis sur les Trônes ! Puissent-ils dire, en lisant la vie de ce Sage, ce qu'il disoit lui-même du plus illustre de ses Prédécesseurs : Je prendrai pour regles ses actions ! ( 1 )

(1) CHARLES disoit, en parlant de S<sup>t</sup> Louis : *Sua actio nostra instructio videatur.* Ordonnances du Louvre, tome VI, page 28.

www.ingramcontent.com/pod-product-compliance
Lightning Source LLC
LaVergne TN
LVHW051504090426
835512LV00010B/2342